Los Genios de la
Pintura Española

Los Genios de la Pintura Española

VELAZQUEZ

Velazquez

sarpe

Los Genios
de la
Pintura Española

Una realización de la división
Grandes Obras de SARPE

Dirección literaria:
Clara Janés

Colaboran en este volumen:
José M.ª Azcárate
M.ª José Casado

Secretario de redacción:
Fernando Olmeda

Diseño:
Anita Sand

Maquetación:
Nieves Córcoles

Secretarias:
Julia Burgos y M.ª Rosario del Rey

Documentación:
Manso, Oronoz, La Polígrafa,
Fotodos, Lucía Sánchez Piñol y
archivos gráficos de SARPE.

Edita:
SARPE, S. A. de Revistas,
Periódicos y Ediciones.
Pedro Teixeira, 8, 28020 Madrid

Imprime: Gráficas Instar, S. A.
© Copyright Mundial: Sociedad Anónima de
Revistas, Periódicos y Ediciones
(SARPE) M. R.
Todos los derechos reservados
ISBN obra completa. 84-7700-083-2
ISBN Tomo 1: 84-7700-106-1
Depósito Legal B. 18.390-1990

EL ARTISTA

Velázquez, pintor de la luz

JOSE M.ª AZCARATE, CATEDRATICO DE HISTORIA DEL ARTE DE LA UNIVERSIDAD COMPLUTENSE DE MADRID Y ACADEMICO NUMERARIO DE LA REAL ACADEMIA DE BELLAS ARTES DE SAN FERNANDO

En la evolución de cualquier estilo histórico surgen artistas geniales que no sólo reflejan en su obra las características clave de ese estilo, sino que también anticipan la futura evolución e, incluso, contienen aspectos que han de fundamentar otros estilos. Ese fue el papel de Velázquez dentro de la pintura barroca.

Todo artista responde a su tiempo, pero su personalidad puede adecuarse de modo innato al mundo que le rodea y, por tanto, desarrollarse en libertad, o bien ser encauzada por la educación hacia la conveniente adecuación al medio. No obstante, en un caso u otro, el buen artista recoge la herencia del pasado, la supera y, en un lógico proceso de abstracción, elimina aquellos aspectos que no responden a las exigencias estéticas del momento, fundamentando la evolución. Mediante el aprovechamiento de las posibilidades que el medio le ofrece, tiene la virtud de saber escoger los aspectos dotados de un carácter germinal, en cuanto contienen en potencia la ulterior evolución estilística.

El artista más representativo de la pintura barroca y uno de los grandes genios de todos los tiempos

UN TALENTO UNIVERSAL

De ahí que, como obra de artista genial, la de Velázquez no sólo tiene importancia por su belleza y maestría, sino que ésta aumenta cuando se examina con perspectiva de futuro. Por ello crece su valoración cuando la consideramos desde nuestra perspectiva. El tiempo desvela verdades, pues desprendida la obra de las circunstancias del ambiente coetáneo, permite que nos adentremos en la época en que fue realizada, a la vez que la valoramos adecuadamente de acuerdo con la evolución histórico-artística en la que se inserta.

Si bien hay maestros que en todo tiempo gozaron de aprecio y nombradía —Giotto, Leonardo, Rafael, etc.—, pues sus obras fueron siempre una constante fuente de enseñanza, otros en cambio, como el Greco, no lograron el aprecio de sus coetáneos ni de sus inmediatos sucesores. En otros casos la valoración de la obra de un artista adquiere nuevos matices a medida que el estudio de sus creaciones descubre nuevos aspectos, y la evolución histórico-artística permite percibir con mayor claridad una tendencia que la obra de éste iniciara. En un tiempo Velázquez fue altamente considerado por el idealismo de su realismo aparente: por ejemplo, se identificaba el cuadro de Las Hilanderas como una vista impresionista de la Fábrica de Tapices de Santa Isabel, que el pintor debía visitar con frecuencia en razón de su cargo de Aposentador. Pero en la actualidad, la visión es más amplia, y tomando el mismo ejemplo, en esta obra se aprecia tanto la calidad pictórica como la intelectualizada interpretación alegórica del mito de Palas y Aracné, en relación con la obediencia política debida al rey. Todo indica cómo la pintura carece de un sentido unívoco cuando consideramos una obra maestra, pues ésta puede valorarse desde muchos puntos de vista y generalmente son los conocimientos del contemplador lo que en realidad permite desvelar el mensaje que toda pintura encierra. Sentido y significación de la pintura que, en la mayor parte de las ocasiones, el pintor ha reflejado en el lienzo de manera no

sólo consciente. No obstante, el devenir del tiempo pondrá al descubierto nuevos valores, pues si la pintura es espejo de la mente creadora del artista, también lo es de la del contemplador que en cada época proyecta su propia personalidad sobre lo que observa.

En la época de Velázquez, las directrices emanadas del Concilio de Trento y la propia evolución estilística, al reaccionar contra las libertades del manierismo, fundamentan bien el triunfo del realismo barroco en las representaciones pictóricas. Frente al subjetivismo manierista se imponía la inspiración directa en el mundo sensible; era, pues, el criterio estético a seguir el arte como imitación de la naturaleza. En ese ambiente nació el pintor, en Sevilla, el año 1599.

Ahora bien, si lo natural es la principal fuente de conocimiento y en él ha de apoyarse la creación pictórica, ésta puede interpretarlo de muy diversas maneras, ya que la naturaleza misma ofrece un amplio campo de posibilidades; y, asimismo, los procedimientos técnicos para conseguirlo pueden ser distintos. Nos encontramos, pues, en principio, ante el problema de la interpretación de la realidad que se ofrece a nuestra vista, y muy diversos serán los criterios a seguir. En la época barroca, si en un primer momento se impuso, por reacción frente al inmediato manierismo, la estética que exaltaba el realismo naturalista, como en Caravaggio y Ribera, más tarde se evolucionó hacia un realismo idealizado que condujo al realismo poético de Murillo o a la expresividad de Valdés Leal.

ATMOSFERA DE ORIGEN

El problema de la interpretación de la realidad en el Barroco va íntimamente ligado a la consideración de la luz como fundamento esencial de la creación pictórica. La luz, relacionada con el color, supone, como ya había planteado Tiziano, la valoración del tono, lo que conduce al enriquecimiento de la gama cromática en cuanto posibilita una mayor versatilidad en razón de las variaciones lumínicas y su percepción. Asimismo, en la composición u ordenación de lo representado en un cuadro, la luz desempeña un papel esencial, ya que mediante ella se puede conducir la mirada del contemplador hacia lo que se estima ha de destacarse, según el significado de la obra: en el primer caso, el pintor ha de estimar la importancia y versatilidad de la luz natural. Si hay luz de mañana también hay luz de tarde, como luz de primavera y luz de otoño, etc., lo que le obliga a fijarse en su influencia en la tonalidad cromática, ya que, como hemos indicado, el carácter realista de la representación pictórica es norma. Asimismo, como la pintura se hace para ser observada en un contexto determinado, el pintor ha de tener en cuenta las condiciones de la luz ambiental en que será contemplada. Es obvio que una pintura concebida para la suave penumbra de una sala del Alcázar madrileño, con la luz lateral de las ventanas, no se aprecia debidamente en una galería de museo con luz cenital de intensa luminosidad. Como escribe Fray Hortensio Paravicino (1580-1633), en la pintura, lo "que importa es mirarla a su luz no sólo para juzgarla, sino aun para verla", pues no mirada

6

a su luz "una tabla de Tiziano no es más que una batalla de borrones, un golpe de arreboles mal asombrados". Igualmente, para el adecuado efecto óptico, se requiere una cierta distancia, con objeto de que los diversos colores se fundan debidamente en la retina del contemplador. Por ello, no es extraño que en su ambiente el retrato del Papa Inocencio X (Galería Doria-Pamphili), que pintó Velázquez en 1650, engáñase al camarero que, creyendo que era el propio pontífice, rogó a los que estaban en la antesala que guardasen silencio para no molestarle. Lo mismo le ocurrió a Felipe IV, que se sorprendió por la presencia de D. Adrián Pulido Pareja, Capitán General de la

Autorretrato (Valencia, Museo de Bellas Artes).

de Oporto, y de él ha de heredar nuestro pintor el sentido aristocrático de la vida; su madre, Jerónima Velázquez, es de origen vizcaíno, hidalga, cristiana vieja, por lo que no es extraño que desde niño prefiriese el apellido materno, aun cuando a veces destaca la estirpe de los Silva, al firmar Diego de Silva Velázquez, como hace en el retrato de Inocencio X. Vista su afición al dibujo, aún niño, hacia 1610, entra en el taller de Francisco de Herrera el Viejo, del cual aprende los fundamentos de la pintura barroca, la inspiración directa en la realidad circundante y la importancia del color como factor determinante de la belleza pictórica, que conduce a la valoración de la luz. Sin embargo,

Armada, al verle en su retrato, realizado por el pintor sevillano, según recoge Palomino. Este aspecto de la valoración cromática condujo a Velázquez, anticipándose a fórmulas impresionistas, a la utilización de la técnica de pinceladas cortas yuxtapuestas. De esta manera obtuvo los efectos ópticos requeridos, a una cierta distancia, al fundirse en nuestra retina simultáneamente dos o más impresiones de color. Paralelamente, en las composiciones el pintor se basaba en la técnica tenebrista, caracterizada por la utilización de un solo foco de luz fuerte que ilumina las figuras, o lo que interesa de ellas, haciéndolas resaltar sobre el fondo oscuro. Bien pronto evolucionó hacia el luminismo, mediante el escalonamiento en profundidad de diversos focos de luz, de distinta intensidad. De esta manera no sólo se valorizan los efectos cromáticos, sino que por la diversa y progresiva intensidad de las luces se logran los efectos espaciales y los principios de la perspectiva aérea. Estos principios, esbozados por Leonardo, fueron llevados por Velázquez a sus últimas consecuencias. Mediante ellos, acrecidos en algunas obras por la sabia utilización de espejos, logró Velázquez representar las variaciones que se suscitan en la percepción de líneas y colores en relación con la atmósfera que los envuelve. El medio aéreo influye evidentemente en la percepción, por lo que es posible alcanzar la representación del espacio, es decir, de la distancia, mediante la adecuada matización cromática. En esta técnica sensible y peculiar, Velázquez fue el artista clave.

UN PINTOR INTELECTUAL

Un tercer aspecto ha de ser considerado en la obra de Velázquez. Partiendo de la idea básica de que la pintura no es una simple representación imitativa de lo que los ojos perciben, se requiere una elaboración mental. Es decir, el cuadro se concibe en la mente del pintor; y los recursos técnicos han de estar supeditados a la idea. El cuadro, por tanto, no es una imitación, un inerte espejo que recoge una imagen, sino la recreación de lo que se percibe. En razón de ello, no basta con el dominio de las técnicas pictóricas, sino que la obra ha de contener un pensamiento. Es en este aspecto intelectual de la Pintura donde radica, en buena parte, la primacía de Velázquez entre los pintores de su tiempo. Asimismo, este aspecto conceptual fundamenta la subyugante atracción que sus obras nos ofrecen. Su arte trasciende la pura visualidad, según los estudios de nuestro tiempo han subrayado repetidamente, pues como escribía su coetáneo Alonso López Pinciano, la pintura, como la poesía, ha de enlazar el deleite con la doctrina. La vida de Velázquez va marcando la pauta de su evolución estilística, que se desarrolla con la lógica de un teorema. Como hemos visto, nace en Sevilla a principios de junio de 1599, en una familia hidalga, de desahogada posición económica. Su padre, Juan Rodríguez de Silva, es de origen portugués,

el carácter adusto, violento, del maestro, debe de ser la causa determinante de que en diciembre de 1610 Velázquez ingrese en el taller de Francisco Pacheco, que ha de ser su gran maestro. Hombre de amplia cultura, afable, correcto en el trato, relacionado con los medios intelectuales de la sociedad sevillana, para Pacheco la pintura es bella en tanto sea noble o represente dignamente los temas. Su criterio como maestro es permitir la libertad de sus discípulos, a los que adoctrina, pero sin imponer sus opiniones; facilitar, en suma, el desarrollo de las aptitudes del discípulo, sin coartar su evolución. Pacheco enseña que es preciso idealizar el natural, que el pintor no debe imitar la naturaleza tal como se percibe, sino que de ella se han de abstraer las notas esenciales, más nobles y dignas, principio que está en la base del realismo idealizado, esencial en la estética de Velázquez. Asimismo, para Pacheco, el dibujo es el fundamento de la belleza pictórica, que no obliga sólo a los perfiles, sino a la estructura, a la composición del cuadro. Un buen cuadro no sólo debe estar bien coloreado, sino bien compuesto y cada una de sus figuras bien dibujada, despertando al mismo tiempo, en el espectador, una emoción estética ennoblecedora. Estas serán las bases estéticas de la obra del pintor sevillano.

Velázquez estudia libremente en el taller de Pacheco y en 1617 obtiene el título de pintor. Al año siguiente, en abril de 1618, a sus escasos diecinueve años, contrae matrimonio con la hija de su maestro, Juana, celebrándose la boda con una fiesta en la que hay poesías, cantos y bailes y en la que no faltan las discusiones teológicas y literarias, de acuerdo con el carácter de las amistades de Francisco Pacheco. Velázquez se establece en hogar independiente, pero, indudablemente, la protección de su suegro le permite trabajar con holgura y sin preocupaciones. En 1621 admite ya en su taller a un discípulo, Diego de Melgar, comprometiéndose a enseñarle durante seis años, pero las circunstancias históricas introducen un profundo y decisivo cambio en su vida. A fines de 1621 sube al trono el joven rey Felipe IV y con él se sitúa como valido el Conde Duque de Olivares, sevillano que ha de ser el verdadero y absoluto gobernante. Evidentemente Pacheco, como sevillano, ve la posibilidad de situar a su yerno en la corte. Después de un intento infructuoso en 1622, al año siguiente vuelve de nuevo a Madrid y logra que el joven Velázquez sea nombrado pintor de Cámara, en octubre de este año de 1623. Se cierra así la etapa sevillana de su vida.

ETAPA SEVILLANA

Conforme se exige en el aprendizaje de un pintor barroco, Velázquez inicia su labor pictórica con cuadros de género, con temas de la vida cotidiana. Este tipo de obra permite al pintor estudiar diversos modelos humanos

—viejo, joven, muchacha, negro, etc.—, de distintas edades y condiciones, así como las diversas calidades y coloridos de los vestidos, objetos de género muy variado —cacharros de barro, de metal, vidrios, cuchillos, etc.—, o comestibles de todo tipo. El cuadro se convierte así en un verdadero repertorio, un muestrario de elementos diversos, al margen de toda lógica real, pues al pintor aprendiz le interesa adiestrarse y mostrar su habilidad. Por otra parte, cuadros de este tipo obligan a estudiar sistemas de composición, es decir, la armónica ordenación de los diversos elementos que lo componen, para mostrar con ello la habilidad en este aspecto esencial de la pintura. Así el cuadro resultante parece natural y realista, aunque con frecuencia en la mesa veamos, por ejemplo, solamente un rábano, un cuchillo, un pan, etc., para varias personas.

En esta etapa, las obras de Velázquez se caracterizan por el predominio de la técnica tenebrista, al destacar fuertemente las figuras iluminadas en primer plano sobre un fondo oscuro, utilizándose, asimismo, un color espeso y que recubre totalmente el lienzo. En las composiciones, si bien en algunos casos se señala la diagonal hacia el fondo, frecuentemente se mantiene la estructura en cruz o aspa, es decir, dos figuras o motivos en primer plano que se corresponden con otros situados más atrás, señalando aproximadamente los ángulos de un rectángulo, en cuyo centro se dispone un motivo principal.

Las obras correspondientes a este período se pueden distribuir en cuadros de género, religiosos y retratos. Entre los primeros se distinguen la Vieja friendo huevos (Museo Glasgow), Aguador de Sevilla (Colección Wellington, Londres), las dos versiones de Escena de taberna (Budapest y Leningrado) y el de Los Músicos (Museo de Berlín). Sirven de transición a los cuadros de tema religioso, los que en primer término sitúan una escena de género e introducen una diagonal hacia el fondo, donde se representa un tema de las Sagradas Escrituras, así en el Cristo en Casa de Marta y María (National Gallery, Londres) y en el de La Mulata (Colección Beit, Londres), con la Cena de Emaús al fondo.

Entre las creaciones del segundo grupo cabe destacar la Adoración de los Reyes (Museo del Prado), verdadero cuadro de familia, pues, al parecer, le sirvieron de modelo su mujer Juana Pacheco, su primera hija Francisca, su suegro, su hermano Juan y él mismo. En la composición, utiliza ya la contraposición del escalonamiento en profundidad en el lado izquierdo, y la diagonal que conduce la mirada hacia la Virgen, conforme al sistema de estructura angular bifurcada tan característica del barroco, que sitúa el punto de partida para el recorrido visual en el ángulo inferior izquierdo. Novedad importante, en cuanto al estudio de luces, nos ofrece la Inmaculada (National Gallery), por su nocturno y acentuada plasticidad, así como la Imposición de la casulla de San Ildefonso (Palacio arzobispal de Sevilla) y el San Juan (National Gallery), mientras las dos versiones de la Madre Jerónima de la Fuente (Museo del Prado y Colección Fernández Araoz), el magnífico sentido plástico de la Cabeza de mujer (Colección Lázaro Galdiano), el supuesto retrato de su suegro Pacheco (Museo del Prado) y el magistral de Góngora (Colección Lázaro

Cristo y el alma cristiana, detalle (Londres, Galería Nacional).

Galdiano), realizado durante su primer viaje a Madrid en 1622, demuestran calidad de retratista.

PRIMERA ETAPA MADRILEÑA

El nombramiento de Velázquez como pintor de Cámara en 1623 determina su permanencia en la corte, ya para toda la vida, y le abre el camino del triunfo. Este cargo, si bien tiene escasa remuneración y obliga al artista a determinados trabajos, ofrece como principal contrapartida para un novel la posibilidad de estudiar directamente las obras de las colecciones reales. Las colecciones reales, tanto en el Alcázar madrileño como en El Pardo y en El Escorial, son particularmente ricas en obras venecianas. El sentido de la dignidad del arte y de la belleza de las armonías cromáticas de Tiziano y del Veronés, fundamentalmente, son factores decisivos en la formación de Velázquez. Su arte se idealiza y, al mismo tiempo, su posición en la corte se va afirmando gracias a los favores que le dispensa el joven monarca. Se inicia así una amistad que durará toda la vida del pintor y que le permitirá trabajar con libertad y holgura.

En 1628 llega a España Pedro Pablo Rubens, uno de los más grandes coloristas del barroco. Velázquez le acompaña e indudablemente el sentido aristocrático de la vida del pintor flamenco y su concepto de la pintura influyen en él poderosamente. Para Rubens, el fundamento de la buena pintura está en Venecia, y estima que no se puede llegar a ser buen pintor si no se la estudia directamente y en su propio entorno. Por muy límpido que sea el cielo de Madrid, los colores venecianos hay que analizarlos en la propia ciudad de Venecia. Si para la correcta contemplación de una obra de arte es preferible considerarla en el ambiente en que fue creada, es evidente que, tratándose de la creación artística de los pintores venecianos, se hace ineludible ver lo que ellos vieron y estudiar cómo trasladaron su sensación al cuadro, pues la inspiración del natural exige examinar ese natural concreto, analizando su interpretación. En este aspecto, la estancia de Rubens en España es esencial para Velázquez, pues le hace ver la necesidad del viaje a Italia. En el verano de 1629, el pintor embarca para Italia, cerrando su primera etapa madrileña.

La obra velazqueña de este período se distingue por la tendencia a valorizar más la luz en función del color y la composición, lo que conduce a ordenaciones más estudiadas y al aclaramiento de los fondos. En este momento se inicia, asimismo, la gran actividad de Velázquez como retratista regio. En los retratos de los monarcas, particularmente, es consciente, como comentará después Palomino, de que éstos han de reflejar "la discreción e inteligencia del artífice, para saber elegir, a la luz o el contorno más grato... que en los soberanos es menester gran arte, para tocar sus defectos, sin peligrar en la adulación o tropezar en la irreverencia". Oblígase, pues, el pintor, conforme a su innato sentir hacia la idealización, a dar al retratado aquel aspecto que responda mejor a la dignidad de su persona y de su condición. Característica esencial a tener en cuenta en el momento de la estimación de su obra como retratista, que ha de desarrollar

Retrato del Duque de Modena, detalle (Modena, Galería Estense).

9

Retrato de Inocencio X (Roma, Galería Doria).

ampliamente. En este aspecto es característico el retrato de Felipe IV (Museo del Prado), en negro, en el que ya se advierte la tendencia a repintar rectificando lo hecho. Esto constituye lo que denominamos "arrepentimientos", pues con el tiempo lo que está debajo surge a modo de sombra fantasmal fácilmente perceptible, como vemos en las piernas y el manto del rey en este retrato, que permiten adivinar que probablemente fue análogo al del Metropolitan Museum de Nueva York, de 1624. También son característicos de esta etapa el retrato del Infante Don Carlos (Museo del Prado), ejemplo de elegancia en el gesto de la mano que sujeta el guante que cuelga; el del Conde Duque de Olivares (Museo de São Paulo), el busto del rey con armadura (Museo del Prado) y su Autorretrato (Museo del Prado) que debió de pintar a poco de llegar a Madrid.

La obra maestra de este período es el Triunfo de Baco o Los Borrachos (Museo del Prado), en la que, de acuerdo con los principios barrocos, nos da una visión realista de la mitología, como ya había hecho Caravaggio en sus interpretaciones de Baco. Por su técnica se sitúan en la línea del realismo analítico naturalista de los cuadros de género sevillanos, con mucha pasta de color y estudio de bodegón en primer plano, reconociéndose, asimismo, el recuerdo de Tiziano en la figura que levanta la copa de fino vidrio con vino blanco, y el del Veronés en la que está en sombra en primer plano, a nuestra izquierda, punto de arranque neutro para el recorrido visual de la pintura. Por otra parte, en esta obra nos ofrece Velázquez una composición un tanto compleja en la que se funden normas renacentistas con las que le hemos visto utilizar en sus obras sevillanas. En efecto, el cuadro se estructura en dos partes desiguales, pero armónicas conforme a los principios de la sección áurea: un grupo a la izquierda integrado por cinco figuras, dispuestas en composición en aspa cuyo centro es Baco, y otras cuatro figuras a la derecha, en rombo. La línea de separación se señala mediante la mirada de las dos figuras de borrachos que centran la atención del espectador, mientras que por otra parte la figura de Baco, que sigue la diagonal indicada por el soldado a quien corona, conduce la mirada del espectadoı hacia afuera, conforme a la composición

abierta barroca. Este tipo de composición, con las obligadas variantes, en relación con el tema, se repite en Cristo y el alma cristiana (National Gallery), que corresponde a este período.

PRIMER VIAJE A ITALIA

En agosto de 1629 llega Velázquez a Venecia, donde permanece varios meses. Recorre luego algunas ciudades del norte de Italia y a principios de 1630 está en Roma, siendo muy verosímil que, con motivo de pintar el retrato de la reina de Hungría, María Ana de Austria, visitase en Nápoles a Ribera. Las noticias referentes a este viaje nos reflejan a un Velázquez intelectual, muy preocupado por su formación pictórica. Su técnica se enriquece con el conocimiento directo de los maestros italianos —particularmente con el de Tintoretto, Miguel Angel y Rafael— lo que se evidencia en sus modelados anatómicos, en la suave y armónica claridad de su paleta, en los estudios de luces y en las composiciones más estructuradas y complejas.

De Italia trae dos obras magistrales, La túnica de José (El Escorial) y La Fragua de Vulcano (Museo del Prado). La primera se concibe como un estudio anatómico de los hermanos y otro de luces en el que se contrapone el escalonamiento en diagonal de los planos de luz y sombra que, siguiendo el gesto de las figuras, nos conducen la mirada hacia la derecha, mientras la luminosidad del cielo azul atrae nuestra atención hacia esta zona izquierda del cuadro, de acuerdo con los principios de la composición abierta barroca.

En La Fragua de Vulcano el contenido iconográfico de la representación da un especial carácter al cuadro. Se representa, siguiendo el texto de Ovidio, del que se toma el pasaje inicial, el momento en que Apolo —cómo Febo— comunica a Vulcano, el más feo de los dioses, que su mujer Venus, la más bella de las diosas, está cometiendo adulterio con Marte. Se atrapa el instante fugaz en que la reacción de Vulcano aún no se ha producido y los cuatro cíclopes interrumpen, sorprendidos, su trabajo. Captación de lo fugaz, del movimiento contenido, conforme a la estética barroca. Técnicamente se caracteriza esta obra por el definitivo aclaramiento de la paleta velazqueña y la aplicación tenue de las pinceladas, aunque todavía en superficie continuada. En su composición, si bien divide el lienzo de manera análoga al Triunfo de Baco, la distribución en aspa del grupo de la izquierda se estiliza ya en alargado rombo, en cuyo interior se situa el yunque. Esta estructura se conjuga con el hecho de situar un centro, como punto de fuga alto, en el que confluyen las líneas directrices, al disponer la figura de un cíclope al fondo, mientras las luces van indicando una diagonal que se escalona desde la ventana —con un grisáceo amanecer—, a la cabeza de Apolo, el yunque y la fragua. Asimismo es interesante la distribución de las figuras, creando espacio en profundidad, y la relación establecida por las miradas que se concentran en Apolo, de modo que el ojo del espectador, que naturalmente hace el recorrido visual de izquierda a derecha, vuelve hacia la izquierda donde la figura de Apolo, que ejerce una función reflectante, lo conduce con su mirada hacia Vulcano, protagonista del tema.

SEGUNDA ETAPA MADRILEÑA

En enero de 1631 el artista regresa a Madrid, donde inicia una etapa de actividad cortesana, pues a sus labores como pintor se añaden los encargos encaminados a la reforma de los palacios reales, lo que ha de determinar su nombramiento de superintendente en 1644. No sólo se ocupa de la organización, desde un punto de vista artístico, de los palacios, sino que incluso se cita su nombre en relación con problemas de técnica arquitectónica, fundamentalmente en el Alcázar madrileño, tales como el de la traída de agua, la construcción y aderezo de la magnífica pieza ochavada y el gran Salón de los Espejos. Interviene incluso en las obras del Panteón de El Escorial, lo que ha de atraerle no pocas enemistades. La implicación de Velázquez en obras de arquitectura es indicativa de un aspecto muy significativo de su personalidad, como se desprende del examen de la relación del centenar y medio de libros que integraban su biblioteca de trabajo. Entre ellos proliferan los de arquitectura, junto a los de matemática y fortificación, los dedicados a iconología, astronomía, medicina y otros aspectos que confirman el carácter intelectual de su formación.

La vida le sonríe. Francisca, su única hija, contrae matrimonio en 1633 con Juan B. Martínez del Mazo, que será su mejor discípulo y colaborador y que le dará una amplia descendencia. Los años transcurren sin incidencias, gozando Velázquez de la plena confianza del monarca, sin que le afecte en nada la caída del Conde Duque de Olivares, su antiguo protector. En relación con su cargo de superintendente y ante la conveniencia de adquirir obras de arte para nuevos salones, se decide un nuevo viaje a Italia y parte con cierto boato en septiembre de 1649.

En esta etapa su técnica se enriquece en varios aspectos. La luz comienza a ser su gran preocupación, y fundamentalmente los estudios de los efectos atmosféricos de la luminosidad cambiante al aire libre. Su objetivo es la representación de la luz real y sus efectos, lo que le conduce a pintar con pinceladas quebradas y yuxtapuestas, con colores muy fluidos, de modo que el efecto óptico se consigue a una cierta distancia, iniciando así los principios técnicos que han de triunfar con la pintura impresionista. En cuanto a las figuras, predomina la tendencia a ofrecer el aspecto noble y digno de lo representado. Se trata de una pintura cortesana, mediante la que el artista nos da una visión majestuosa y digna del mundo que le rodea. En la temática de este período predominan de manera casi absoluta los retratos, siguiéndole la pintura religiosa y, ya con carácter excepcional, la historia y el paisaje.

Los retratos regios responden en su conjunto al propósito de darnos el aspecto mayestático y solemne de la realeza, sin detrimento de su humanidad. Entre ellos se pueden distinguir los

retratos de corte, los ecuestres y aquellos en que los representados aparecen en traje de caza, ofreciéndonos aspectos estéticos diversos. En los retratos de corte se plasma la figura vestida con traje de gran riqueza, y generalmente el artista aprovecha la ocasión para introducir la técnica impresionista en el estudio de los bordados y reflejos de las telas, que destacan la nobleza y dignidad del retratado. El sistema de composición generalmente seguido es sencillo, entroncando con fórmulas renacentistas, fundamentalmente venecianas. La figura, en pie, ligeramente de lado, para evitar la frontalidad, si se trata de un caballero hacia la derecha, si de una dama o de niños hacia la izquierda, destaca sobre un fondo de escasa profundidad, acentuándose la diagonal mediante una cortina en la parte superior que con su cromatismo contribuye poderosamente a la armonía del cuadro. Entre estos retratos son particularmente destacables los de la Reina doña Mariana de Austria y los de la Infanta Margarita, de la última etapa madrileña, que se distinguen por los magníficos estudios impresionistas de los trajes de gala, tanto en el análisis de las ricas telas, como de los adornos, que de cerca son como manchas inconcretas, ya que el efecto visual de la realidad, pintada tal como se ve, sólo se produce, según hemos indicado, con una determinada luminosidad y distancia. En ellos, tanto el color como los accesorios que acompañan al personaje, como las flores de la primavera temprana en la mano de la infanta Margarita o el reloj al fondo, en el de la reina, introducen un elemento simbólico sumamente significativo. En todo caso, contrasta la gracilidad de la infanta (Museo de Viena. Museo del Prado), y la del Infante Felipe Próspero (Museo de Viena), con la solemne gravedad de los reyes, que evoca la austera expresión de los sentimientos en las personas regias. En efecto, del rey se dijo que: "fuera que lo fingiera, fuese que su carácter lo exigiese así, lo cierto es que sólo lo vieron sonreír tres veces en toda su vida", y en cuanto a la reina se le advirtió que no riera en público, pues "no sentaba bien a una reina de España". Los retratos ecuestres, destinados al Salón del Trono, plantean el problema de la intervención de Velázquez, pues en ellos los arrepentimientos y repintes son evidentes. Así el de Felipe III, representado en su entrada a Lisboa, sería obra de Bartolomé González; el de la Reina Margarita de Austria de Carducho; y el de la Reina Isabel de Borbón, de Caxés, repintando Velázquez rostros, caballos y otros detalles, como es fácilmente perceptible en un examen somero de estas pinturas. Aun el de Felipe IV —que se halla como los anteriores en el Museo del Prado— plantea un problema respecto a la fecha de su ejecución, pues los arrepentimientos perceptibles en una de las patas traseras del caballo y en el busto del rey, hacen sospechar que se aprovechó un lienzo anterior. En su conjunto, estos retratos, particularmente el del Rey Felipe IV, constituyen la más nítida expresión del concepto sagrado de la realeza, en su impasibilidad y majestuosidad. Dentro de este grupo hemos de incluir el del Príncipe Baltasar Carlos (Museo del Prado) en el que sorprende la violenta perspectiva del caballo, debida al sitio al que la pintura iba destinada, muy en lo alto. En él destaca particularmente el impresionismo cromático de la indumentaria, así como la incorporación al lienzo de un magnífico paisaje también impresionista.

Por lo que se refiere a la integración del paisaje en el retrato, son fundamentales los del Rey Felipe IV, del Infante Don Fernando y del Príncipe Baltasar Carlos de caza (Museo del Prado). Están pintados como si los encuadrara el marco de una ventana, que en algún caso, realistamente, corta con la jamba la imagen de un perro. En ellos se advierten, además de la elegante actitud del retratado, varios aspectos pictóricos esenciales: la realización de la obra por medio de un solo color dominante, la representación de un paisaje observado directamente del que al pintor le preocupa esencialmente la luz y la extraordinaria calidad en la ejecución de animales. En estos retratos es asimismo importante el sistema de composición, concebido a base de yuxtaposición de la figura situada en primer plano, que se proyecta sobre el fondo, visto en otra perspectiva, como ya había hecho El Greco, por ejemplo, en las representaciones de santos emparejados.

En los retratos de nobles, cortesanos y personajes de diversa índole, interesa a Velázquez fundamentalmente dar una versión

Sor Jerónima de la Fuente (Museo del Prado)

idealizada del carácter y condición del retratado. En unos casos destaca los valores plásticos de las cabezas, como en los de Martínez Montañés, el del consejero de Castilla Don Diego del Corral (Museo del Prado) y el de la Condesa de Monterrey (Museo de Berlín), quizás pintado en Italia; en otros resalta la entonación cromática derivada de Tiziano, como en el del Conde de Benavente (Museo del Prado); a veces pone de relieve la belleza y nobleza del modelo, como en el magnífico retrato del Duque de Módena (Museo de Módena) o en La dama del abanico (Colección Wallace, Londres), o bien la actividad y energía del hombre de gobierno, como en el magistral retrato ecuestre del Conde Duque de Olivares (Museo del Prado); otras lo supedita todo al aspecto plástico, tendiendo a una intemporal abstracción, como en Juana Pacheco representada como sibila (Museo del Prado).

POSAN LOS BUFONES

Particular interés ofrecen los retratos de bufones, pues es en ellos donde con más libertad trabaja el pintor. En todo retrato evidentemente existe un cierto compromiso entre el pintor y el retratado, a quien aquél procura complacer. No sucede así con los bufones. Indumentaria, posición y ambiente serán los que el pintor desee, ya que no es verosímil que se consultase al bufón sobre sus preferencias. Asimismo, en estos retratos se plantea el problema de conseguir una obra bella con algo que es formalmente feo y desagradable. Velázquez logra, en efecto, creaciones de gran belleza y comprobamos una vez más que en pintura lo representado es, en cierto modo, secundario, ya que la técnica, la forma de hacer y de componer es lo fundamental.

Entre los diez retratos que indudablemente se deben a la mano de Velázquez, ya que el de Don Antonio el Inglés no parece corresponderle, se pueden distinguir tres relacionados con la guerra: Don Juan de Austria, Barbarroja y el dios Marte; dos de filósofos o moralistas, Esopo y Menipo; dos de personajes con deformidad física, los enanos Don Diego de Acedo, llamado el Primo, y Don Sebastián de Morra; dos de deficientes mentales, Calabacillas y el Niño de Vallecas; y uno de actor en acción que parece anunciar la representación, Pablo de Valladolid. Cada uno de ellos, por su significación, técnica y simbología, ofrece aspectos fundamentales de la estética y del carácter de la pintura velazqueña.

Identificar al héroe mítico de la historia española, Don Juan de Austria, vencedor de Lepanto y casi divinizado, con este triste y melancólico bufón, lánguido y enclenque, sería difícil si no estuviese documentada la existencia en la corte de un bufón con este nombre, a quien se cita entre 1624 y 1654. Identificación que confirma la confusa representación, como boceto, de una batalla naval al fondo, hacia donde se dirige nuestra mirada, así como las armas y demás atributos militares. En esta obra late el sentido humano que provoca un sentimiento de compasión, no de burla, y se exalta el desprecio por las glorias mundanas, ceñido en este caso al triunfo militar.

La indolencia filosófica de Don Juan de Austria tiene su contrapunto en el bufón Barbarroja (Don Cristóbal de Castañeda y Pernia), representando al famoso marino turco que dominó todo el Mediterráneo oriental. Velázquez lo pinta de pie, con gesto fiero, conforme al carácter del bufón, y emplea el rojo como color dominante, en lo que se anticipa a la concepción del retrato del papa Inocencio X.

Completa este conjunto el dios Marte, que se inspira en el Pensieroso de Miguel Angel. Velázquez vuelve a poner de relieve una paradoja al trocar la belicosidad y energía del dios de la guerra en el carácter meditabundo de la actitud filosófica, indolente y pasiva. Los atributos de la guerra abandonados e, incluso, la gama de azules, fríos y distantes, como la composición abierta y la triste mirada del dios, nos expresan el espíritu crítico de la corte respecto a las acciones bélicas.

El sentido plástico domina en la representación de Esopo, creador de fábulas de las que se desprende una enseñanza moral. Simbólicamente, se expresa en la indumentaria el desprecio hacia los bienes materiales y la actitud moral del fabulista, que pretendía limpiar el mundo de sus vicios mediante la fábula,

como agua purificadora; de ahí que el pintor coloque la artesa y la bayeta a sus pies. En contraste, la expresión de lo fugaz, de lo inconcreto, se acusa en el Menipo, filósofo satírico y cínico, burlón y procaz, con otra técnica pictórica, alegorizando su desprecio la raída capa, los libros tirados en el suelo y una tabla con una jarra.

En el retrato de Don Diego de Acedo, Velázquez nos muestra la afición de éste a los estudios genealógicos con el infolio que maneja, así como su función en la corte —ya que trabajaba en las oficinas de palacio— con el magnífico bodegón de primer plano, el tintero y la pluma. Por otra parte, el color negro utilizado en el tratamiento de este bufón se contrapone al rojo y al verde de Don Sebastián de Morra, al que acompaña un magnífico estudio de perspectiva y la caracterización de hombre de genio del personaje.

La pasiva actitud y las miradas reflejan la anormalidad psíquica tanto del bufón Calabacillas como del Niño de Vallecas. En la representación del primero, con las calabazas alusivas a su nombre, Velázquez nos muestra en sus manos de epiléptico, en la asimetría de su boca, el estrabismo, y la rebuscada actitud para sentarse sobre una pierna, una imagen que provoca en el contemplador una sensación agridulce, lo que igualmente consigue en la triste representación del Niño de Vallecas, captado en un gesto que, a pesar de la mirada conturbada, quiere ser sonriente, mientras la suave penumbra lo envuelve en un hálito poético.

Con Pablo de Valladolid, muy elogiado por Manet, Velázquez alcanza la absoluta superioridad. Sin suelo, ni fondo, crea el espacio por medio de la sombra, realzada por la diagonal en profundidad que armoniza con la línea quebrada señalada por la posición de manos y piernas y el gesto que anuncia el espectáculo o explica lo que ha de acontecer.

Los cuadros religiosos correspondientes a este período son un

El aguador de Sevilla (Colección Wellington).

buen ejemplo de su concepto de la religiosidad, expresable a través de la armonía de las formas sosegadas y bellas. Es obra magistral el Cristo Crucificado o Cristo de San Plácido (Museo del Prado), representación de un cuerpo idealizado, en el que suavemente se señala la curva praxitélica, sereno en la cruz. En otra versión del Crucificado (Museo del Prado), el pintor nos da una visión patética del tema, en la que, no obstante, se evita lo sangriento. Sentido de la belleza que tiene su paralelismo en la Coronación de la Virgen (Museo del Prado), estructurado según los sistemas de composición en tetraedro renacentista: como en el tema de La tentación de Santo Tomás (Catedral de Orihuela), donde si bien la apertura de la puerta del fondo, con la tentadora que huye, nos señala ya una característica de su etapa avanzada, el grupo del santo y los ángeles mantienen la norma de la pirámide renacentista, respondiendo a los mismos ideales de belleza idealizada. Obra magistral entre sus cuadros religiosos es el Encuentro de San Antonio y San Pablo ermitaño (Museo del Prado), en cuya composición parece adivinarse el sistema seguido en Las Meninas, invirtiéndolo con una diagonal hacia la fuerte luminosidad del fondo, en un lado, y en el otro, planos de luz y sombra, que en este caso atraen nuestra atención hacia la cueva de San Pablo.

Obra esencial de este período es su único cuadro de historia conservado, La rendición de Breda o Las Lanzas (Museo del Prado), que hizo para el gran Salón de Reinos del Buen Retiro. En él se representa el acto de la entrega de las llaves de la ciudad de Breda por Justino de Nassau al general en jefe de los tercios españoles en Flandes, el genovés Ambrosio de Spínola, sintetizando así la victoria y el espíritu caballeroso y cortés de la rendición. La idea general de la composición se inspira en Veronés y se organiza de manera que la perspectiva con que está visto el caballo, que gira su grupa conforme se mueve el espectador delante del cuadro, atraiga la atención hacia esta zona dinámica donde están los vencedores, impidiendo con las lanzas que la vista se pierda en la lejanía. En el centro, como fondo luminoso de las llaves, el desfile de los vencidos, y allá a lo lejos, extendiéndose hacia la izquierda, las tierras bajas de Holanda, anegadas, el fuego de los campamentos y de la ciudad. Todo ello lo pinta Velázquez bajo un cielo grisáceo y triste, con planos variables de diversa luminosidad y cromatismo, para encauzar la mirada del contemplador hacia lo que le interesa destacar, según los principios de la diopsia veneciana, y en función del sitio a donde iba destinada la pintura.

En 1647 se fecha la Vista de Zaragoza (Museo del Prado), en la que la intervención de Velázquez verosímilmente hubo de concretarse a la idea general de la composición, ya que fue realizada casi en su totalidad por su yerno Martínez del Mazo. Esta obra nos ofrece un punto de vista de una ciudad que han de repetir Goya y Beruete, por ejemplo, y en ella la luminosidad del cielo tiene una importancia fundamental.

SEGUNDO VIAJE A ITALIA

En enero de 1649 Velázquez embarca en Málaga rumbo a Italia, dirigiéndose, con el séquito que va a recibir en Trento a la reina Mariana de Austria, hacia Génova. De Milán se traslada a Venecia, y después de recorrer algunas ciudades del norte y centro del país se establece en Roma, desde donde realiza diversos viajes. En esta ocasión recibe tratamiento correspondiente a noble de importancia, y aunque su actividad en la compra de obras de arte para España provoca reacciones en su contra, su posición en Roma es excelente, de tal forma que prolonga su estancia más de lo previsto, lo que provoca la inquietud del rey. A fines de mayo de 1651 emprende viaje de regreso a la corte, llegando a Madrid en junio.

En este período se inician las obras que sitúan a Velázquez en lugar preponderante entre los pintores barrocos. Sorprenden los retratos del Papa Inocencio X (Galería Doria) y su criado Juan de Pareja (Metropolitan Museum), por la veracidad y maestría en la interpretación de los modelos, y en los que, sin menoscabo del naturalismo, nos ofrece un claro ejemplo de idealización de lo natural. En estas obras los colores dominantes son el rojo en el papa y el verde en el criado, usados con arte de colorista.

Retrato de la Condesa Duquesa de Olivares (Museo de Berlín).

Al contemplar la Venus del Espejo (National Gallery) se crea un movimiento en la retina del espectador que recorre el cuerpo desnudo de la figura de espaldas y se detiene en el espejo, en el segundo término, utilizado por primera vez como motivo pictórico. El pintor adopta en este cuadro soluciones compositivas del Tintoretto. En el espejo se quiebra el rayo visual con el reflejo de la cabeza en penumbra de la Venus, lo que proporciona al cuadro un peculiar sentido poético, idealizador en su misterio. A este efecto óptico coadyuva el contraste entre el rojo de la cortina en el fondo y el azul de la sábana en el primer plano.

A este período deben de corresponder los dos paisajes de Villa Médicis (Museo del Prado), jardines que ya conocía Velázquez desde su primer viaje y que todavía existen como el pintor los vio. Ambos paisajes responden a la representación de dos luces diferentes, desde dos puntos de vista del jardín, que Velázquez pudo estudiar casi sin desplazar el caballete. En uno, que se distingue por sus cipreses, una mujer está tendiendo ropa, a la vez que una pared blanca, donde una estatua ocupa un nicho, nos ofrece la clara luz que incide en diagonal, recortando los perfiles de la arquitectura y la sombra de setos y estatuas. En el otro cuadro, la luz cae vertical, introduciéndose entre el ramaje, con técnica estrictamente impresionista, diluyéndose el ambiente en la semipenumbra que rodea a la escultura de Ariadna dormida y al caballero que contempla el inconcreto paisaje. En ambos, unificando los temas, dos personas que dialogan: en el de los cipreses, dos caballeros: en el otro, un señor y un criado: los primeros bien dibujados, éstos levemente esbozados.

TERCERA ETAPA MADRILEÑA

Como queda dicho, en junio de 1651 Velázquez está de regreso en la corte con numerosas obras de arte. Poco después se le nombra Aposentador Mayor, lo que le encumbra y proporciona fuertes emolumentos, que se añaden a los que percibe como pintor, ayuda de cámara, superintendente y en concepto de pensión. Aparte de esto, también percibe las cantidades estipuladas por cada obra que realiza, todo lo cual es claro indicio de que goza de una situación económica privilegiada. El cargo de aposentador le supone una intensificación de su actividad en la corte, lo que no impide que en este período realice sus obras más importantes.

A esta etapa corresponden sus mejores retratos y su obra magistral Las Meninas, "la teología de la pintura", como la llamó Lucas Jordán. En sus retratos la técnica impresionista triunfa plenamente merced a una riquísima policromía y a la técnica de yuxtaposición y superposición de pinceladas, utilizadas para lograr un determinado efecto visual a cierta distancia y con luz interior palaciega. Se trata del más bello conjunto de retratos de la pintura barroca. Sobresalen entre ellos la serena representación de la Reina Mariana de Austria (Museo del Prado), el busto del Rey Felipe IV (Museo del Prado) y la joven Infanta María Teresa (Museo del Louvre y Museo de Viena), y los bellísimos retratos de la Infanta Margarita (Museos del Prado, del Louvre y Viena) y del Infante Felipe Próspero (Museo de Viena).

Retrato de la Infanta María Teresa (Museo del Louvre).

Los cuadros mitológicos son particularmente importantes tanto por su técnica pictórica en el tratamiento de la luz, colorido y composición, como la concepción intelectual y simbólica del tema. Si en la simbología barroca el tema de la Fragua puede considerarse alegóricamente como el del sol, o sea, la luz que desvela el engaño y el fraude, el tema de Mercurio y Argos (Museo del Prado) constituye la alegoría de la traición, que siempre aprovecha la ocasión propicia y el sueño de los sentidos. El cuadro de Velázquez representa el momento en que alevosamente Mercurio se dispone a matar a Argos, a quien ha adormecido con su música —es decir, con la adulación—, mientras en la oscuridad de la noche refulge el brillo del acero y la luz lunar en el cielo, lo que parece contener una alusión a las circunstancias políticas del momento.

En Las Hilanderas (Museo del Prado) organiza la composición en planos de profundidad, de luz y sombras, relacionando mediante líneas el primer plano con el fondo, en que representa el castigo de la soberbia de la ninfa que quiere competir con la diosa. El contenido alegórico se pone de manifiesto con la representación en primer plano de la Obediencia, encarnada en una mujer de edad que hace girar la rueda del torno de hilar, según se indica en el tratado de Iconología de Ripa, lo que da al cuadro un carácter simbólico relacionado con la necesidad de la obediencia política —por lo que fue creada una Junta de Obediencia— y el respeto debido al soberano. La actitud de las hilanderas, el gato, símbolo de la libertad en la sociedad; la viola de gamba, símbolo del buen gobierno basado en la destreza del buen político y en la obediencia de los súbditos, así como los diversos movimientos, planos de luces, la perspectiva y la atmósfera son aspectos que hacen de esta obra una de las más características del genio de Velázquez, donde se une el buen oficio con la concepción intelectual de la pintura.

Hacia 1656 debió de realizar Velázquez su obra maestra, Las Meninas (Museo del Prado), en la que alcanza el cenit de su arte. En esta obra el concepto de arte como representación idealizada del mundo visible llega a su culminación, pues mediante la técnica impresionista se consiguen los efectos más reales de la perspectiva aérea, en los diversos planos de luz y sombra, de tal manera que la retina humana no es capaz de distinguir la atmósfera real de la pintada. En él Velázquez pinta el cuarto bajo del palacio llamado del Príncipe del Alcázar real, con la Infanta Margarita como centro en relación con la pareja real que se refleja en el espejo del fondo. A los lados de la infanta se hallan dos meninas que la atienden (Agustina Sarmiento, que se inclina, y detrás Isabel de Velasco); a la derecha, en primer plano, contrastando con el grupo central, dos enanos (Mari Bárbola, alemana, y Nicolás Pertusato, italiano), y un perro, que contribuye a atraer la mirada del espectador hacia el centro; en segundo plano, en la penumbra, dos guarda-damas (doña Marcela de Ulloa y un desconocido), y sirviendo de enlace entre el grupo y el fondo, en una diagonal que contribuye a crear profundidad, el autorretrato de Velázquez pintando; y allá al fondo, ante una puerta entreabierta, el aposentador D. José Nieto Velázquez. Este ritmo de emparejamiento de figuras pone de manifiesto una concepción reflexionada, bajo la apariencia de una visión espontánea, lo que se hace más evidente cuando se examina la obra desde el punto de vista de su creación.

La inversión de la luz que ilumina las figuras por la derecha, cuando normalmente la fuente de luz ha de entrarle al pintor por la izquierda —como así lo hace para el Velázquez representado pintando—, obliga a la utilización de un espejo. Sin embargo, las figuras no están invertidas, como se advierte en el gesto de Agustina Sarmiento, que ofrece el agua con la mano derecha, y en el propio Velázquez con su pincel en la derecha también, cuando, en cambio, la imagen de los reyes está invertida por aparecer reflejada en el espejo del fondo. Esta circunstancia obliga a pensar en la posible utilización de más de un espejo, pues, como indica Angel del Campo, la misma puerta del fondo sería un espejo cuya luz reflejada incidiría en otro no visible, cuya luz se concretaría en el rayo visible en el suelo, lo que puede suponer el empleo de un aparato óptico, o la linterna mágica de Anastasio Kircher, para conseguir la proyección de la imagen de la pareja real en el espejo del fondo. Este, como otros muchos aspectos, enriquece esta obra excepcional, aparentemente sencilla, que sumerge al espectador en la atmósfera del cuadro al reflejar también en el espejo del fondo el espacio que se halla delante de la superficie del cuadro, lo que sitúa al espectador entre los reyes y la infanta y le permite contemplar lo que ven los reyes y no lo que ve el propio pintor que está en el cuadro. Está, quizá, presente en el cuadro el lejano recuerdo del Matrimonio Arnolfini, de Jan van Eyck.

En función de su cargo, en 1660 Velázquez se traslada a Fuenterrabía para preparar la entrevista del Bidasoa, donde se concierta la Paz de los Pirineos y se celebra la boda de la Infanta María Teresa con el Rey Luis XIV de Francia. Vuelve enfermo y muere el 6 de agosto del mismo año, a los 61 años de edad. Vestido con el hábito de Santiago, con manto, sombrero, espada, botas y espuelas, en ataúd tachonado con clavazón y cantoneras de oro, guarnecido con pasamanos de oro y con una cruz de oro encima, recibe sepultura en la desaparecida iglesia de San Juan, en la cripta de don Gaspar de Fuensalida. Al solemne funeral asistieron gran número de nobles y criados de Su Majestad. Seis días después muere su mujer, Juana Pacheco.

SU
OBRA

1

8

9

10

12

13

15

16

18

19

20

21

22

24

28

29

MOENIPPVS

34

AESOPVS

35

38

1

43

47

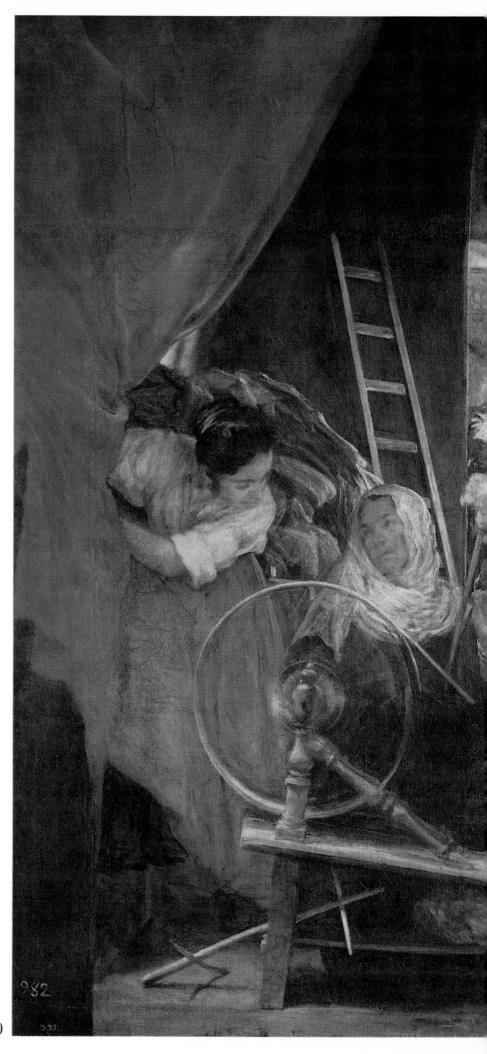

50

51

53

SU VIDA
Y SU EPOCA

POR MARIA JOSE CASADO

Autorretrato.

Probable retrato de Ana Pacheco.

La adoración de los Magos. (detalle).

Retrato de Pacheco.

El 1 de junio de 1599 vino al mundo en Sevilla Diego Rodríguez de Silva y Velázquez. Los padres de Diego, Juan Rodríguez de Silva y Jerónima Velázquez, bautizaron a su primogénito a los cinco días de su nacimiento. Aunque el niño recibió, como es lógico, los apellidos de sus progenitores, en el futuro utilizaría habitualmente el de su madre.

Desde muy pequeño dejó ver su interés por la pintura y siguiendo su instinto quiso optar por este oficio artístico. Velázquez entró como discípulo en el taller de pintura de Herrera el Viejo. Era éste un artista que brillaba más por su ímpetu que por su talento y, posiblemente, supo abrir al alumno un vasto horizonte y fomentar la libertad en la creación.

En 1610 Diego fue a parar a la Escuela de Pintura de Francisco Pacheco, opuesto a Herrera, que era un teórico de la pintura. El maestro calificó así a su alumno en su libro Arte de la pintura: "... movido de su virtud, limpieza y buenas partes, y de las esperanzas de su natural y grande ingenio".

Es de suponer que Pacheco le indujera por el estilo académico de la época, aunque le proporcionase cierta libertad de expresión artística. A los dieciocho años el discípulo se incorporaba al gremio de pintores sevillanos.

Pacheco, que apreciaba la valía del joven pintor, le ofreció a su hija Juana en matrimonio. Velázquez se casó con ella en 1618, cuando la muchacha contaba dieciséis años. Juana será durante toda su vida, al lado de Velázquez, su callada compañera. En Sevilla estaban en boga los pintores seguidores del estilo veneciano y los manieristas, pero Diego seguiría su propio camino de realismo barroco, fiel a lo que veía su pupila. Se dedicó especialmente a los llamados "Bodegones con figura" o cuadros de cocina. Influído por el tenebrismo caravaggiesco (modelos violentos, claroscuros en las figuras y cuerpos bronceados), al tiempo luchaba por aproximarse al máximo a la objetividad de sus modelos. Una clara muestra de esta etapa tenebrista es La adoración de los Magos, pintada en 1619. Se dice que los modelos de esta obra son personas de su ámbito familiar; así, el Niño Jesús sería su hija Francisca. En 1621 nació su segunda hija, Ignacia. Unos cuantos meses antes de este acontecimiento Diego ya se había independizado profesionalmente y tenía su propio taller, donde acogió como discípulo a Diego Melgar. De esta época son también Vieja friendo huevos, Cristo en casa de Marta y María y Sor Jerónima de la Fuente, entre otras obras.

Pintor real

En 1622 marchó a Madrid, ayudado por las influencias de su suegro, posiblemente con la esperanza de hacer un retrato del rey. Allí pudo ver las obras de Tiziano y El Greco y retratar al poeta cordobés Luis de Góngora, que era capellán del rey y amigo de Pacheco. El éxito del retrato fue muy grande, y no es de extrañar que un año después Velázquez fuese reclamado a Madrid para pintar a Felipe IV. El monarca se entusiasmó con el retrato y nombró a Velázquez su pintor, por real decreto, el 6 de octubre de 1623.

En 1623 Velázquez pintó a Don Gaspar de Guzmán, Conde Duque de Olivares, y continuó su labor con otros del rey y del Príncipe de Gales, que estaba en Madrid por entonces.

En 1627 ganó un concurso que el monarca organizó entre sus pintores para realizar La cacería de los moros, obra hoy desaparecida. También estudió a fondo la técnica de Van Dyck, Tiziano y Rubens. A éste último le trató personalmente en los ocho meses que el pintor holandés permaneció en Madrid.

Después de realizar amenas obras, como el Retrato del Infante Don Carlos y Los borrachos, el pintor embarcó rumbo a Génova en agosto de 1629. En el viaje visita Milán, Venecia, Bolonia, Roma, Loreto y Nápoles.

En Venecia estudió a fondo las obras de los maestros de la escuela veneciana, descubriendo su predilección por Tintoretto. La influencia que Italia ejerció sobre él es evidente; se aprecia en unos cuantos cua-

El Conde-Duque de Olivares.

La túnica de José.

Don Fernando de caza (detalle).

Sebastián de Morra.

dros mitológicos donde los temas se humanizan y desmitifican al máximo, como La fragua de Vulcano y La túnica de José, pintados ambos en 1630. Regresó a España enfermo. Una vez en la capital de España repartiría su tiempo entre la pintura y la ornamentación de las casas reales. De esta época data el famoso Cristo crucificado que pintó para el convento de San Plácido.

Cortesanos y bufones

En 1634 se le nombró encargado del guardarropa real, condición que implicaba también la conservación de las obras de arte de palacio. Ese mismo año su hija Francisca contrajo matrimonio con el pintor Mazo, que era uno de sus alumnos aventajados. El prestigio de Velázquez como pintor era ya grande en la corte.
Como pintor del rey le correspondía realizar una serie de retratos cortesanos, especialmente los de la familia del monarca. Las hazañas militares de los primeros años del reinado de Felipe IV fueron recogidas por los pintores de la época y Velázquez quedó encargado de inmortalizar la rendición de Breda, cuadro conocido por Las lanzas. El hecho histórico había acontecido diez años antes, en 1625. Entre los personajes que vivían en la corte se encontraban los entonces llamados "hombres de placer", los bufones que servían y entretenían a los miembros de la familia real. El pintor, siempre aficionado al verismo y a los tipos populares, los utilizó repetidamente como modelos, cargando sus imágenes de realismo y fuerza expresiva y, al mismo tiempo, conjugando la crudeza del tema con dignidad.
También son de esta época numerosos retratos de miembros de la familia real, algunos

de ellos ecuestres, como los realizados para decorar el Salón de Reinos del Palacio del Buen Retiro.

El retrato del Papa

Desde 1640 Velázquez sentía cierta nostalgia por el ambiente artístico italiano. Por fin, en 1649 pudo volver a él con un encargo oficial. Llegó a Génova en febrero de 1649 y de allí marchó a Venecia, donde al parecer adquirió numerosos cuadros de Tiziano, Tintoretto y Veronese.
En Roma fue acogido como un gran maestro. Si en su primer viaje era un perfecto desconocido, ahora los italianos le veían —según consta en documentos— como un caballero noble, un notable artista y un gran señor. En esta ciudad realizó casi una docena de retratos, entre los que hay que destacar el del Papa Inocencio X, el de su ayudante Juan de Pareja, que hoy se encuentra en el Museo Metropolitano de Nueva York, y los de personajes del círculo papal, como los cardenales Astalli y Massimi, y Olimpia Pamphili, cuñada del pontífice. Otro personaje del alto clero pintado por el sevillano es el Cardenal Borja. El retrato de Inocencio X es una obra cumbre de la penetración psicológica, que el pintor realizó sin concesiones.
El Papa quiso pagar el cuadro a Velázquez, pero éste rechazó el dinero, pues no se consideraba un artista a sueldo, sino un servidor del rey de España. El pintor fue adquiriendo también obras para la Sala Octogonal, y el resultado de estos esfuerzos sería el embrión de lo que hoy es el Museo del Prado.
Mientras tanto, el rey se impacientaba por su prolongada estancia en Italia y le hizo saber a través de diversas misivas que

J. B. del Mazo, La familia de Velázquez.

esperaba su pronto regreso a la Corte.
En 1650 salió por fin hacia Génova, desde donde embarcó rumbo a España. En la primavera del año siguiente Diego Velázquez estaba de nuevo en Madrid. Este último decenio de su vida se vería muy ajetreado por el intenso trabajo que suponía el cargo de Aposentador mayor, puesto que solicitó en 1652.
Todos estos cargos le restaban tiempo para pintar, pero siguió profundizando en la perspectiva aérea y aligerando progresivamente sus composiciones. Cada vez usaba menos pasta y prodigaba menos pinceladas, esquematizando la técnica. Los perfiles de las figuras eran menos lineales, más indecisos y similares a la impresión que el ojo humano recibe de los objetos al ser captado por la pupila.

La Venus del Espejo

En cuanto a su vida personal, sufrió algunas experiencias dolorosas, como son la muerte de su hija primogénita, Francisca, que le marcó muy profundamente, y la de su suegro, Francisco Pacheco.
Se supone que es en esta época cuando pintó la Venus del espejo, el primer desnudo profano de la pintura española. También realizó otras creaciones de tema mitológico, que

el rey le encargó para el Salón de los Espejos del viejo Alcázar, cuya ornamentación se estaba poniendo en marcha por entonces. Recibía este salón el citado nombre por los espejos enmarcados en ébano y bronce, y en él se colocarían lienzos prestigiosos, como los de Tiziano, Tintoretto, Rubens, Ribera, Velázquez o el Veronés. Se sabe que el pintor sevillano realizó cuatro obras: Psiquis y Cupido, Venus y Adonis, Apolo y Marsias y Mercurio y Argos. El incendio que sufrió el Alcázar en 1734 sólo nos ha permitido ver una muestra de ellos, el cuadro titulado Mercurio y Argos, una interpretación notablemente naturalista del asunto mitológico.
Va recogiendo también el pintor con una técnica cada vez más sintética e impresionista, con los toques acuchillados de las pinceladas, los retratos de corte de cuerpo entero de diferentes miembros de la familia real, como los de la Reina Mariana de Austria, la esposa del monarca; o el del Infante Felipe Próspero, único retrato de este niño que se conoce haya sido realizado por el pintor.
Otros retratos de esta época son los de la Infanta Margarita y el de la Infanta María Teresa.
En el ámbito cortesano Velázquez nunca llegaría a ser un personaje brillante, y no sólo debido a su carácter, más bien poco comunicativo, sino también a las envidias que intentaban evitar que el pintor luciera con su merecido brillo.

Las Meninas

En estos últimos años ejecutó Velázquez el retrato más desmitificador y también el más humano de Felipe IV, aquel en el que aparece hasta el busto, desprovisto de toda ornamentación que haga suponer que se trata de un monarca. Nin-

Isabel de Francia a caballo (detalle).

Inocencio X.

El Cardenal Borja.

La Infanta Margarita. (detalle de la mano).

Mariana de Austria (detalle).

Las hilanderas (detalle).

gún pintor de cámara se había atrevido anteriormente a despojar así a su soberano y descenderle al nivel de los hombres corrientes. Dejó patente en él la naturaleza un tanto abúlica del personaje y su espíritu débil y cansado por la edad, en una imagen que viene a ser como un desnudo del alma. Velázquez había hecho a lo largo de su vida más de treinta retratos del monarca y esto, unido a la estrecha vinculación que existía entre ambos, ofrecía al pintor el más completo y penetrante conocimiento de que se puede disponer para tal cometido.

Pero es también en las postrimerías de su vida cuando Velázquez compuso las dos obras cumbre de su arte: Las meninas y Las hilanderas. El pintor trabajaba ya "a la manera abreviada", con una técnica de toques libres y desunidos, de manchas distantes, prodigioso anticipo de lo que sería siglos después el Impresionismo. Estas pinceladas sueltas que muchas veces no llegan ni siquiera a cubrir más que porciones de lienzo, dejando la tela al descubierto, se componen en la retina formando la unidad de las formas. La fluidez de ejecución y la soltura del pincel, así como el modo de encajar las formas, es lo que da a las figuras el movimiento sorprendente que tienen. Velázquez sabe captar la apariencia, la fugacidad de las formas en la masa de aire. Y pinta también el mismo aire circundante que llena los recintos y liga unas figuras con otras.

En Las meninas creó un documento de la vida cotidiana de palacio, donde en una habitación está la familia real, casi al completo, en compañía de algunos servidores. Por eso se le llamó El cuadro de la familia. Se supone que el pintor está aquí trabajando en el retrato de los reyes, que aparecen reflejados al fondo en un espejo. Al lado de Velázquez está la Infanta Margarita rodeada de sus meninas.

También es inapreciable este cuadro porque con él nos deja el pintor su autorretrato, de indiscutible paternidad en este caso.

Las hilanderas

En el caso de Las hilanderas el pintor vuelve a mostrarnos su gusto por las imágenes populares, ofreciendo esta escena próxima al costumbrismo de épocas anteriores. Se trata del taller de tapices de la madrileña calle de Santa Isabel. Estos talleres estaban al servicio de la Casa Real y se utilizaban entonces, más que para otra cosa, para restaurar y retejer los paños. Lo dirigía el jefe de la tapicería de la reina, Don José Nieto Velázquez, al que el pintor también retrató en Las meninas.

Pero es en primer plano, donde el pintor recoge la faena de cinco trabajadoras del obra-

dor de la fábrica, donde desarrolla su gusto por lo cotidiano, recogiendo los movimientos fugaces y naturales de las mozas y sus formas rotundas, en algunos casos muy matizadas por la iluminación. Esta llega a crear una atmósfera tan sólida que da casi una sensación de fantasmagoría. La fuerza y la lozanía de las hilanderas suponían un contraste con los frecuentes rostros relamidos y enclenques de los altos personajes de la corte. Lamentablemente en nuestros días no hemos podido tener la suerte de apreciar este cuadro tal y como lo pintó Velázquez. Si bien Las hilanderas se pudo salvar de un incendio, salió malparado de él y sus colores quedaron deteriorados por el fuego y el humo. Posteriormente fue restaurado y repintado en varias ocasiones sin respetar excesivamente su primitiva factura.

Se cree que el último cuadro que pintó Velázquez fue el retrato de la Infanta Margarita, que parece fue concluido por su yerno, Mazo. Su destino era el ser enviado a Viena, junto con el del Príncipe Felipe Próspero, pero no se hizo así.

En la primavera de 1660 el pintor, en calidad de aposentador real, emprendió viaje hacia la Isla de los Faisanes. Acompañaba al Rey Felipe IV, quien iba a encontrarse en esta isla del río Bidasoa con el Rey de Francia, Luis XIV. El pintor vivió aquí jornadas agotadoras que mermaron su salud ya quebrantada, si bien se habló de él en términos muy elogiosos y exaltando su elegancia y estilo personal, que agradó a la realeza y aristocracia allí convocada.

Poco después de su regreso de la Isla de los Faisanes el pintor, que entonces se hacía ya llamar Diego de Silva Velázquez —volviendo a invertir de nuevo sus apellidos—, fallecía en palacio el 6 de agosto de 1660. Su esposa, Juana Pacheco, sólo le sobrevivió una semana y falleció en la misma estancia del palacio en que él murió. El rey quiso que se le recordarse como uno de sus nobles y mandó pintar sobre su autorretrato de Las meninas la cruz roja de la Orden de Santiago que ahora podemos ver sobre su pecho en el mencionado cuadro que se exhibe en el Museo del Prado.

Este artista, que alcanza la cumbre de la genialidad y al que se ha considerado como el más revolucionario en la historia de la pintura después de Giotto, fue un personaje del que poco se habló en vida. Tendrían que pasar varios siglos para que los pintores ingleses de finales del siglo XVIII le redescubrieran y le admirasen como "el pintor de los pintores". También los franceses del siglo siguiente entronizarían su obra, que aún permanece en nuestro tiempo en la cima del arte pictórico.

Felipe III.

Rubens, Isabel Clara Eugenia.

Velázquez, Felipe IV.

Este período, que comprende la vida de Velázquez, coincide con la cimentación en Europa del absolutismo, que se coronará en la segunda mitad del siglo XVII.

En España acababa de morir Felipe II, fallecimiento que se produjo en 1598, y empezaba a declinar la estrella española y su hegemonía en Europa. Al mismo tiempo una nueva potencia, Francia, cuya fuerza se consolidó con el matrimonio de Enrique IV con María de Médicis, empezaba a brillar. En el trono español se hallaba ahora Felipe III, hombre aficionado al juego y a la caza que carecía de la energía y el gusto por el trabajo imprescindibles para un monarca absoluto. Con Felipe III empezó la época de las privanzas, cuyo primer representante fue su valido, Francisco Gómez de Sandoval, Duque de Lerma. El país requería una política de austeridad, pero nada más alejado de lo que se llevaba a cabo. Por el contrario, el rey y el favorito dilapidaban los recursos sin freno.

En los Países Bajos se vivía una etapa de calma bajo el gobierno de la regente Isabel Clara Eugenia. La tregua de Amberes de 1609 proporcionaría un respiro después de muchos años de conflictos bélicos y religiosos. El período de paz se hizo forzoso debido al agotamiento financiero de ambos contrincantes. La tregua supuso, por un lado, la independencia de Holanda, y por otro, un logro para el Duque de Lerma.

La Guerra de los Treinta Años

El enfrentamiento bohemio-palatino hizo estallar en 1618 la primera etapa de la Guerra de los Treinta Años. La chispa fueron los enfrentamientos de tipo religioso, pero ésta arras-traría tras de sí un complejo conflicto de intereses que la convertiría en una guerra de causas puramente políticas, como la hegemonía de Europa. Era una lucha entre Francia y los Habsburgo, entre católicos y protestantes. Los bohemios se rebelaron contra el emperador Fernando II y fueron derrotados en 1620 en la batalla de la Montaña Blanca. Fernando II contó con el apoyo de la Liga Católica, que salió vencedora con sus ideas contrarreformistas sobre los partidarios de las ideas protestantes.

Felipe IV

España hubiera podido mantenerse al margen del conflicto de no haber estado mediatizada por el problema flamenco y por el de las comunicaciones con el Nuevo Mundo. El Rey Felipe III, tras veintitrés años de oscuro reinado, murió dejando en el trono a su heredero, Felipe IV, que apenas contaba dieciséis años. A pesar de sus errores se le consideraría el más laborioso de los monarcas de la España del siglo XVII. Sin embargo, también delegó gran parte de sus obligaciones. Su valido fue don Gaspar de Guzmán, Conde Duque de Olivares. Este hombre sumamente ambicioso tenía captada totalmente la voluntad del rey. Su ambición política consistía más en mantener el imperialismo español que en gobernar racionalmente España resolviendo sus graves problemas internos. El gobierno, en total bancarrota, se organizó en Juntas, que se centraron en los temas económicos.

En Francia entró en escena un personaje que ejercería una fuerte influencia en los destinos galos: Richelieu. En 1624 ya se había hecho con las riendas del poder gracias a su notable astucia. Su maquiavelismo logró someter a los nobles y fortalecer el poder absoluto. España, por su parte, tendría problemas con Italia a causa de la política imperialista del Conde Duque, enfrentándose con Francia y con Saboya por el pasillo italiano de Valtelina, importante corredor de gran interés estratégico, gracias al cual las tropas del Conde Duque podrían alcanzar sin problemas las fronteras alemanas. En 1626 consiguió el protectorado sobre Valtelina por el tratado de Monzone. Con esta ventaja se facilitaba la participación de España en la Guerra de los Treinta Años, en la que también había entrado un nuevo contendiente: Dinamarca. Su soberano, Cristian IV, partidario de la causa protestante, estaba interesado, sobre todo, en el dominio de las tierras septentrionales, que le proporcionaban también la supremacía en el mar Báltico. Dinamarca sería derrotada por el ejército de la Liga Católica y los soldados del imperio, capitaneados por Wallestein. Con la firma de la Paz de Lubeck, el rey danés se comprometió a no volver a tomar parte en el conflicto.

Breda

Poco antes había concluido en los Países Bajos la Tregua de los Doce Años, y las hostilidades habían vuelto. Las tropas españolas conseguirían una brillante victoria en el asedio de la fortaleza de Breda, de-

Champaigne, El Cardenal Richelieu.

Christian IV de Dinamarca.

Grabado sobre el Tratado de Cherasco.

Ataque sueco a Colonia.

fendida valientemente durante nueve meses por el general Nassau. El héroe de Breda fue Ambrosio de Spínola, un genovés al servicio de España. Velázquez recogió este momento histórico de la rendición de Breda diez años después.

En Alemania se promulgó el Edicto de Restauración, favorable a los católicos, y el Conde Duque intentó obtener el apoyo del imperio en el enfrentamiento que España mantenía contra Mantua por el territorio italiano de Monferrato. Pronto se reanudó la Guerra de los Treinta Años con la nueva entrada en el conflicto de Francia, que invadió el Piamonte y apoyó a Gustavo Adolfo de Suecia en contra de los Habsburgo.

En el frente holandés España sostuvo una guerra de intereses comerciales, ya que Holanda estaba arrebatándole importantes posiciones en el Oriente y en el Nuevo Mundo. Sus navíos traían a Europa productos tan apreciados como las especias y el café, procedentes de las colonias de España y Portugal.

En el frente italiano el Conde Duque sufrió otra derrota. El tratado de Cherasco cerró el conflicto de Monferrato, en el que España fue la perdedora. También fue derrotada la Liga Católica en Breitenfeld y en Lützen por Gustavo Adolfo de Suecia. La muerte del rey sueco en el campo de batalla cambió la suerte para su pueblo. A ella se debió también la actuación militar y diplomática de España, que acudió en ayuda de las tropas imperiales a través del corredor de Valtelina. Suecia, tras la derrota de Nordlingen, abandonó las posiciones que había conquistado en Alemania.

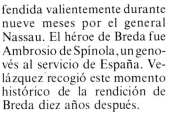

Asedio de Casale Monferrato.

La "fase francesa"

A partir de 1635 se inició una nueva etapa de la Guerra de los Treinta Años, la llamada "fase francesa". El conflicto se perfiló claramente como una prueba de fuerza entre la pujante Francia, por un lado, y los Habsburgo y España, por el otro. La derrota de Suecia obligó a Richelieu a participar plenamente en la guerra, en la que hasta entonces sólo había tomado parte de forma esporádica.

La guerra favoreció a los aliados imperiales al principio, y las tropas del Conde Duque amenazaron la capital de Francia por Compiègne. Luego la suerte cambió y España se vio acosada en todos los frentes por Francia y sus aliados, que se hicieron dueños de la situación cuando los barcos holandeses cortaron los envíos de refuerzos que llegaban por mar en ayuda de los españoles. La plaza de Arras caía en sus manos en 1639. Por otra parte, el cardenal intentaba fomentar la sublevación de Portugal contra la Corona española y las rebeliones de los catalanes.

Levantamientos en Portugal y Cataluña

En el aspecto económico la situación interna española se iba minando. El pueblo estaba exhausto debido a la presión fiscal y el agotamiento que producían las continuas guerras, mantenidas por el valido en su afán de mantener un imperio, para lo cual ya no quedaban fuerzas. La situación interna estalló en 1640 cuando Portugal se sublevó, proclamando su soberanía y elevando al trono a Juan IV de Braganza, que contaba con el apoyo del cardenal Richelieu. El pueblo portugués también optó unánimemente por la separación de la Corona Española.

Al mismo tiempo Cataluña se había sublevado contra la política del Conde Duque. Los campesinos e hidalgos sin fortuna que se habían rebelado fueron objeto de una cruel represión por parte de las tropas del valido. Con esta medida el valido sólo consiguió ganarse otro enemigo, la burguesía, que hasta entonces se había mantenido al margen. Luis XIII se nombró Conde de Barcelona y anexionó Cataluña.

A principios del año 1643 el valido de Felipe IV se vio obligado a abandonar el poder, tras la derrota de Rocroi, a causa de una conjura de palacio. Su sobrino, don Luis de Haro, le sucedería en el puesto.

La Paz de Westfalia

La guerra en el centro de Europa continuaba siendo favorable a los ejércitos suecos y a los príncipes alemanes. Sin embargo, España seguía resistiendo a la desesperada en Holanda, sin querer llegar a un acuerdo pacífico, a lo que los alemanes estaban dispuestos. En 1644 moría Isabel de Borbón, tercera esposa de Felipe IV. Había muerto también en 1642 el cardenal Richelieu, después de conducir muy sa-

biamente los intereses de su país. Pero la guerra seguía con ventaja para Francia. En 1646 las tropas españolas fueron derrotadas en Lens, donde se puso en evidencia que el fin estaba muy próximo para la causa hispano-germana y que no quedaba más solución que pactar, salvando en lo posible la imagen española. Exhaustas las tropas de Flandes, ya no eran símbolo de nada. En 1648 se firmó la Paz de Westfalia, que fue un duro golpe para el imperio español. Las ricas provincias holandesas ratificaban su independencia de España. Naciones y estados como Baviera, el Palatinado, Suecia y la mencionada Holanda, que habían tenido un pasado de represión, podían reivindicar su libertad.

El Rey de España, Felipe IV, se tuvo que enfrentar también a las rebeliones que se producían en Italia. El escenario fue el sur de la península y Sicilia. Las causas de estos levantamientos fueron, por una parte, la dura presión fiscal impuesta por Madrid y, por otra, la fustigación por parte de Francia, favorable a todo lo que pudiera deteriorar la ya lamentable situación de su rival. Con Masaniello al frente, las masas de la población napolitana y siciliana se extendieron por el reino. Las tropas españolas sofocaron la rebelión. España, sin embargo, continuaba aún en guerra contra Francia, ya que el gobierno de Felipe IV no había participado en la Paz de Westfalia, unilateralmente firmada por el Emperador Fernando III. Aunque España estaba prácticamente agotada y sin recursos ni apoyos de ningún tipo, no fue vencida de inmediato. Su rival atravesaba una situación muy problemática, desaparecidos Richelieu y Luis XIII. El nuevo hombre fuerte de Fran-

J. Callo, *La miseria
de la guerra.*

Velázquez, Isabel de Borbón.

Masaniello.

Julio Mazarino.

A. Van Dyck, Carlos I
de Inglaterra.

Combate en el Faubourg

Boda de Luis XIV y
M.ª Teresa de Austria.

cia era ahora el cardenal de origen italiano Julio Mazarino, quien seguiría una política antiespañola y antihabsburgo, al igual que su predecesor. El joven Luis XIV tenía ante sí no pocos problemas sociales: las continuas rebeliones de los nobles franceses, que se resistían al fuerte centralismo impuesto por Mazarino, y el rechazo, por parte de la burguesía, de este centralismo monárquico. El resultado de todo ello fue el desgaste interno en continuas luchas civiles. Su rival, España, no sólo se hallaba arruinada, sino también mermada en hombres.

Mientras tanto, en Inglaterra se producía un hecho de sorprendente trascendencia: el Rey Carlos I, sometido a un tribunal revolucionario, era condenado a muerte y ejecutado, sin que ninguna de las potencias europeas se atreviera a influir; triunfaba Oliverio Cromwell y se proclamaba la república. No pasaría mucho tiempo sin que Mazarino negociara con el jefe del gobierno inglés, Cromwell, un tratado de alianza contra España, pacto que en el futuro se mostraría muy eficaz.

Después de establecer una especie de dictadura militar, Cromwell, nombrado Lord Protector, juró la Constitución, fortaleciéndose cada vez más en el poder. En 1655 conquistó Jamaica y, como consecuencia de su pacto con el

cardenal francés, exigió Dunkerque y la expulsión de Francia de los Estuardo. Cromwell murió en 1658.

El Tratado de los Pirineos

La guerra entre Francia y España había trazado su claro final tras la derrota de Condé por el general Turenne. Luis XIV y Mazarino regresaron a París; parecía llegado el momento de dar por terminada la guerra, de la que saldría el nuevo líder de la vieja Europa: Francia.

Un cuerpo de expedicionarios ingleses y, sobre todo, el ejército de Turenne dieron el golpe de gracia a las tropas españolas en Dunkerque, en 1658. España se vio obligada a firmar la paz, reconociendo que había perdido su posición preeminente en el concierto europeo. Por el Tratado de los Pirineos de 1659 España cedió a Francia Artois, el Rosellón y una serie de plazas fuertes en Flandes y Luxemburgo. Por su parte, Francia devolvía a España Cataluña.

Mazarino quiso atar bien los cabos para asegurar en el futuro su liderazgo, y no sólo llevó a cabo alianzas con Inglaterra, sino también con los príncipes germanos. Concertó además el matrimonio del Rey Luis XIV con la hija de Felipe IV, la Infanta María Teresa de Austria, hecho que fue visto con un justificado temor por parte de la corte germana de los Austrias.

Poco después Felipe IV, cansado y sin energía para sobrellevar la situación, tuvo que enfrentarse a una deplorable decadencia interna del país, sin haber podido, por otra parte, recuperar Portugal. La re-

gente Mariana de Austria se vería obligada a reconocer su independencia durante la minoría de su hijo.

El Rey Felipe IV, al que tantas veces retrató Velázquez, moría en 1665, dejando como sucesor a su hijo, Carlos II, al que se le apodaría más tarde "el Hechizado".

El Rey Sol

También desaparecía de la escena política el cardenal Mazarino, dando paso a los años del gran esplendor francés del reinado del Rey Sol. Este monarca encarnó el absolutismo y ejerció por sí mismo el poder, sin validos ni intermediarios. Luis XIV se sirvió de buenos ministros, como Colbert, que le ayudaron a fortalecer la economía francesa, fomentando la industria capitalista, con menoscabo de la industria artesana.

Mientras tanto, el obispo Bossuet dedicaba sus esfuerzos a consagrar los principios del absolutismo, que se apoyaban en el origen divino del poder y en la sumisión total de los súbditos a su monarca.

El panorama científico y técnico evolucionó también en estos años del siglo XVII, abriendo nuevos caminos para el hombre. El camino iniciado por Miguel Servet en la ciencia de la medicina se veía ahora continuado por el médico inglés William Harvey, que estudió también la circulación de la sangre, llegando a demostrar que ésta salía de un lado del corazón y llegaba al otro, tras recorrer e irrigar el cuerpo entero.

Esta primera mitad del XVII fue, además, un brillantísimo momento para la física y la astronomía. Galileo, que era ingeniero, militar y profesor

de Física en Padua, quedó fascinado por el nuevo invento del telescopio y, construyéndose uno, pudo estudiar las teorías de Copérnico. Todo era perfectamente exacto y cabal en ellas, a excepción de un detalle importantísimo: no era el Sol el que giraba en torno a la Tierra, sino ésta la que giraba alrededor del Sol. Galileo fue acusado de herejía por hacer público este descubrimiento y, obligado a retractarse de sus teorías, no dejó, sin embargo, de permanecer fiel a la evidencia de lo que había descubierto.

En estos años se creaba también el primer instituto científico moderno, bajo el patrocinio de la corte danesa y por iniciativa de Tycho Brahe. A su muerte, Kepler continuó su trabajo, sentando las bases de lo que sería el importante descubrimiento de la teoría de la gravitación universal. El telescopio y el microscopio, que ya estaban muy avanzados en 1650, tuvieron gran importancia en el recorrido de este camino.

Miguel de Cervantes Saavedra.

El culto por el equilibrio, la antigüedad y el humanismo del Renacimiento dio paso al paréntesis manierista y, ya en el siglo XVII, a la cultura barroca. Era el triunfo del movimiento, el adorno y el desequilibrio, aunque eso no suponía necesariamente la falta de elegancia o de proporción. Este estilo, vinculado a la contrarreforma, ofrecía una singular sensibilidad religiosa que llevaba el sello de lo fastuoso. En su relación con lo profano y cortesano, donde se expresa el absolutismo monárquico, se manifestaba en forma de fabulosos salones, marco brillante para los palacios reales, y en las obras de arte para ellos realizadas. En el campo del pensamiento, se impuso el racionalismo, la lógica matemática y el empirismo como método científico.

En nuestro país, el siglo del barroco produjo en el mundo de la cultura un abundante número de obras y creadores de gran trascendencia: las manifestaciones de nuestro llamado Siglo de Oro.

Uno de estos geniales representantes fue Miguel de Cervantes, que en 1605 publicó en Madrid la primera parte del Quijote. En esta obra, el escritor llega a la más honda profundización del alma humana, estableciendo un contraste entre la espiritualidad y el idealismo, por una parte, y el realismo, por otra.

La arquitectura del XVII fue un elemento de la contrarreforma y nació en Roma con la iglesia de "Jesús" de Vignola, continuando con las obras de la basílica de San Pedro, en la que trabajaron Maderna y Bernini. En Italia, Caravaggio había revolucionado la pintura, introduciendo personajes plebeyos y el sentido del natu-

Caravaggio, La flagelación de Cristo.

ral, además de una iluminación tenebrista con profundos contrastes de claroscuro. Este artista ejercería una importante influencia en la pintura española, y muy concretamente en los primeros pasos de Diego Velázquez. El maestro de éste, Francisco Pacheco, era justamente lo opuesto: un continuador de las antiguas fórmulas idealistas, y además trabajaba como censor, representando a los pintores en el tribunal de la Inquisición. De entre los artistas que se hallaban en España por estos años destaca Domenico Theotocópulos, El Greco. Tenía éste un peculiar sentido del cromatismo y una técnica, a base de pinceladas desconcertantes, que ofrecía un resultado pictórico sin precedentes y totalmente original.

La herencia de los coloristas venecianos la recogió en nuestro país Juan de Roelas, otro pintor que trabajaba en Sevilla. Este alcanzó, por primera vez, la fusión del naturalismo y el misticismo, sentando así las bases de lo que sería la Escuela Sevillana.

Góngora y Quevedo

En el panorama de las letras españolas emergieron dos corrientes sumamente representativas de la cultura barroca, pero opuestas en el fondo y en la forma. Una de ellas, el Culteranismo, tuvo como padre a Luis de Góngora y Argote, capellán de palacio, al que Velázquez retrató en su primer viaje a Madrid. Su estilo consistía en rizar el rizo de la belleza formal, abarcando sus composiciones líricas desde lo popular a lo culto.

El Greco, Las lágrimas de San Pedro.

Velázquez, Quevedo.

La corriente opuesta al Culteranismo es el Conceptismo, de la que fue padre y cultivador don Francisco de Quevedo, amigo del Conde Duque de Olivares. También este escritor fue retratado por Velázquez, aunque la obra se ha perdido. Poeta excelente y habilísimo prosista satírico, tuvo el triste y claro conocimiento de la decadencia material y moral del país y la reflejó con su afilada pluma a lo largo de toda su vasta obra. Fue el representante más brillante del estilo satírico español.

El teatro

En 1616 fallecía William Shakespeare, el genio del teatro inglés y universal. Shakespeare es el mayor creador de caracteres que ha existido en el mundo del teatro. En su juventud escribió ya obras tan notables como El sueño de una noche de verano, Romeo y Julieta o El mercader de Venecia, y posteriormente sus inmortales Hamlet, Macbeth, Otelo o El rey Lear. Entre sus últimas obras destacan La tempestad y Cuento de invierno.

En España el teatro se veía impulsado por la afición a las artes del Rey Felipe IV. El teatro de corte adquirió una gran importancia paralela-

El Corral de la Pacheca.

Lope de Vega.

Rubens, Rapto de las hijas de Leucippo.

Rembrandt, Saskia vestida de Flora.

Gallina, Calderón de la Barca.

Frans Hals, Retrato de Descartes.

mente al teatro de corrales, en el que el público podía participar y verse reflejado, al tiempo que constituía para él un entretenimiento de primera línea. Dentro del contexto, Lope de Vega fue el gran renovador de la escena, apoyándose en asuntos del gusto del momento, como la religiosidad popular, el sentimiento del honor, el respeto a la monarquía o el pasado glorioso de España. Pero en el panorama dramático español no faltaron otros nombres de peso, como Francisco de Rojas, Tirso de Molina y, después, Calderón de la Barca, máximo representante de la expresión dramática barroca en Europa. Tirso de Molina, cuyo verdadero nombre era Gabriel Téllez, manifestó un gusto especial por los asuntos vinculados a la realidad social, vistos desde el prisma de la moral.

Rubens y Rembrandt

Si Italia era el centro de las corrientes artísticas y muy especialmente de las artes plásticas, en Flandes surgió un pintor de primerísima línea que ejercería su influencia sobre Velázquez. Se trata de Pedro Pablo Rubens. Su impetuosa personalidad dominó la pintura flamenca de la época. En sus composiciones, llenas de dramatismo, color y movimiento, la sensualidad es una de las características que resultan más evidentes.
En Holanda trabajaba ya Rembrandt, que en 1632 pintó su magistral Lección de anatomía. Hijo de un molinero, aprendió a pintar en los talleres de varios maestros bien conectados con el arte italiano de la época, por lo que no es de extrañar que cultivase el claroscuro de influencia caravaggiesca, como demuestran sus obras. No tardó en destacar como retratista, pero su nombre se dio a conocer con La lección de anatomía, retrato de la corporación del gremio

de cirujanos de la ciudad. De la década de los años treinta datan numerosos cuadros en los que figura como modelo su esposa Saskia: Autorretrato con Saskia, Saskia con sombrero, Saskia como Flora, Saskia con vestido arcadio, etc.

El pensamiento

En 1637 Renato Descartes, la gran figura del pensamiento del barroco, publicó El discurso del Método, su primera obra filosófica. Descartes propone un método de construcción racional, al estilo de la matemática, para la ciencia especulativa. En esta obra y en la posterior, Principios de Filosofía, expone su sistema doctrinal, planteando el problema de la certeza, pues para él en filosofía no sirve el principio de autoridad, sino el libre examen.
Otra figura destacada del mundo del pensamiento que murió por estos años es el inglés Francis Bacon, padre del empirismo moderno. Este filósofo basa su método en la experiencia y trabaja sobre un método fundamentalmente inductivo, que consiste en reunir gran cantidad de material científico y realizar con él el mayor número de experimentos posible. Considera que, teniendo en cuenta los resultados, hay que elaborar una serie de conclusiones y organizar los conocimientos. En contraposición con Descartes, Bacon ve el universo como algo fijo e inmutable ante lo que el hombre puede sobrecogerse como ante una maravilla estática. Por el contrario, Descartes veía el universo como una compleja máquina cuyos elementos encajaban según unas perfectas leyes. Para él era una imagen totalmente dinámica en la que el movimiento de todas sus partes se ajustaba a las leyes de la armonía universal.

Versalles

En la primera mitad del siglo XVII Luis XIII mandó levantar el famoso Palacio de Versalles. Se trataba de un edificio de tres cuerpos de planta sencilla, y fue continuado a su muerte por el Rey Sol. El resultado fue un interior de interminables salones de rica decoración, recubiertos de espejos, bronces dorados, mármoles de colores y tapices de la fábrica de los Gobelinos. Entre ellos destaca el Salón de los espejos que da al jardín. En sus interiores se explayó plenamente la arquitectura francesa del barroco.
La escultura española perdía en 1636 a uno de sus máximos representantes del momento: Gregorio Fernández, al que llamó "el Zurbarán de la escultura castellana", no sólo por el predominio de la temática religiosa, sino también por la profunda espiritualidad que emana de sus obras. Su arte, muy popular y de gran expresividad, alcanzó un alto reconocimiento entre sus contemporáneos. Entre las obras que dejó hay que recordar la Virgen de los Dolores, varias versiones de Cristo yacente, Cristo atado a la columna o la Piedad, de gran realismo barroco. Poco antes de morir

trabajó en el Retablo de la iglesia de San Miguel de Vitoria. En el terreno dramático Calderón estrenó La vida es sueño en un momento en que ya había alcanzado reconocido prestigio. Su peculiar estilo, que nada tiene que ver con el de otros dramaturgos europeos de la época, es esencialmente metafísico y teocéntrico. El fondo ideológico de sus obras es el respeto incondicional al rey y la defensa de los dogmas de la religión católica. Prueba de ellos son sus autos sacramentales, que por su tono solemne y enfático no serán apreciados hasta el Romanticismo. En La vida es sueño, su obra más famosa, deja traslucir cierta concepción negativa de la existencia, reflejo del momento crítico que atravesaba el país.

La teoría política

En 1640 se publicó la obra capital de Diego de Saavedra Fajardo, Idea de un príncipe político-cristiano. Fue su autor uno de los hábiles diplomáticos del siglo y representó a España en el congreso de paz universal de Munich que tuvo lugar en 1643, con objeto de negociar la paz entre España, el Imperio y Francia. Sus obras son reflejo de su pensamiento político y su labor diplomática. En República literaria ofrece una sátira de la

Murillo, Niños comiendo pastel.

Valdés Leal, El triunfo de la muerte.

Zurbarán, Tentaciones de San Jerónimo (detalle).

Thomas Hobbes.

limitación de las ciencias, si bien pone por encima de todas ellas a la ciencia política como el cauce más efectivo para conseguir la felicidad de todos los hombres. Sus teorías sobre el arte de gobernar las recoge con todo detalle en Introducciones a la política y razón de Estado del Rey Católico Don Fernando.

Pocos años después se publicaba en Inglaterra Leviatán, obra en la que su autor, Tomas Hobbes, reafirmaba la lógica del absolutismo, exponiendo la tesis de que el ser humano, en su estado natural, está en perpetua lucha contra sus semejantes a causa de su instinto violento natural —"el hombre es un lobo para el hombre"—. El pacto social sería, según él, una necesidad surgida por el miedo, puesto que no existirían principios éticos o políticos innatos. El Leviatán, que simboliza al estado, con su ilimitado poder, podía conseguir que ese pacto entre los humanos no se resquebrajara ante la fuerza de los instintos destructores. Con Leviatán, Hobbes sentaba las bases racionales del absolutismo, al que aristocracia y burguesía habían de someterse.

Por estos años Velázquez pintó el retrato del escultor Juan Martínez Montañés, que moriría poco después, en 1649. Su labor se desarrolló principalmente en el campo de los retablos y de la imaginería, pero con un estilo peculiar, al margen del barroquismo del siglo. Este escultor siguió la tendencia manierista, aplicándola casi exclusivamente a los temas de carácter religioso. Trabajaba en madera, que policromaban después pintores, como su

amigo, el suegro de Velázquez. Llevó a cabo sus obras en Sevilla y también en América, y le ayudó su discípulo y colaborador Juan de Oviedo. Además de diferentes estatuas procesionales de gran expresividad se cuentan entre sus obras el Retablo del monasterio jerónimo de Santiponce, de Sevilla, y la imagen del Crucificado de la Clemencia, que se encuentra en la sacristía de los Cálices de la catedral sevillana.

Murillo y Ribera

También en Sevilla abrió camino por estos años Bartolomé Esteban Murillo, cuyas primeras obras encarnan plenamente el estilo de la Escuela Sevillana. Murillo combinó el costumbrismo y el gusto por lo cotidiano de su tierra con la tradicional religiosidad de la pintura española. Pintó especialmente para iglesias y conventos, siendo sus temas historias bíblicas y páginas de la vida de los santos, lo que llevaba a cabo con singular riqueza cromática. Muy preocupado por la formación de los artistas, fundó una academia a la que pertenecieron, entre otros, Valdés Leal, Iriarte, Herrera el Mozo y el arquitecto Bernardo Simón de Pineda. Sus Inmaculadas son las obras más populares y difundidas que salieron de su paleta. Juan de Valdés Leal, también sevillano, reflejó en su producción su carácter desigual y violento. Aunque igualmente se dedicó al grabado, sus obras más conocidas son El triunfo de la Santa Cruz y Elías arrebatado por el carro de fuego. En Nápoles, José Ribera, más conocido como "El españoleto" por su figura menuda, ejecuta sus últimas obras.

Ribera, El martirio de San Bartolomé.

Magdalenas, santos y mártires, que pinta a caballo entre los claroscuros del tenebrismo y el colorismo brillante de la escuela veneciana, son sus motivos favoritos. Ribera vivió en Nápoles muchos años y allí le visitó Velázquez en los varios viajes que realizó a la pintoresca ciudad. Poco antes de morir, en 1652, pintó La comunión de los Apóstoles.

En el orden arquitectónico, el barroco tuvo un profundo arraigo en España, con sus columnas de fuste retorcido o salomónicas, los adornos recargados y los remates de frontones partidos. En el ámbito civil, en este momento levantaron el palacio del Buen Retiro y la Plaza Mayor de Madrid, mientras que en arquitectura religiosa cabe destacar la fachada de la catedral de Granada y la Clerecía de Salamanca.

En el terreno musical se produjeron también notables transformaciones, no sólo en la técnica musical, sino también en el modo de oír la música, con la difusión de los instrumentos de cuerda; al tiempo que su perfeccionamiento técnico y el creciente virtuosismo de los intérpretes, se favoreció el desarrollo de la sonata, la suite, la sinfonía y el

concerto grosso, siendo los centros capitales de esta revolución musical, además de Italia, Alemania y Francia. Sin embargo, en España la música no siguió esta pauta innovadora. La Nobleza española no era tan entusiasta de este arte, ni en sus manifestaciones profanas ni en las religiosas. Tampoco se emplearon en España muchos instrumentos para la interpretación, floreciendo durante todo el siglo la música de órgano, base instrumental para la polifonía utilizada en el siglo anterior.

Continuaban así las corrientes místicas de los grandes maestros del XVI. Sin embargo, sí tuvo cierta acogida y desarrollo el melodrama musical. Muestra de ello es la obra Celos aun del aire matan, realizada con texto de Calderón de la Barca por el músico Juan Hidalgo.

Velázquez no fue un artista que creara escuela y pasarían siglos hasta que los pintores ingleses y franceses descubrieran su obra como una muestra genial de lo que el hombre es capaz de representar.

Sin embargo, sí tuvo algunos discípulos, que aprendieron bien su técnica y entre los que destacó su yerno, Juan Bautista del Mazo. También fue discípulo suyo el mulato sevillano Juan de Pareja, al que el maestro retrató en Roma.

La intuición pictórica y la desarrollada técnica de Velázquez pusieron los cimientos de lo que sería el impresionismo del siglo XIX, que se basaría en ligeras pinceladas, no más que manchas, que al fundirse en la retina ofrecerían la visión del objeto, al igual que hizo el sevillano.

ESTUDIO DE LA OBRA SELECCIONADA

POR M. J. C.

1 | LA INFANTA MARGARITA (1654)
OLEO SOBRE LIENZO
(128 × 100 cm.)
MUSEO DE VIENA

De la media docena de retratos conocidos que pintó Velázquez de la Infanta Margarita, éste es el primero que realizó. Data de 1654, fecha en la que la niña sólo tenía tres años. Los estudiosos del pintor han considerado este retrato como uno de los cuadros más alegres que salieron de sus pinceles. Su colorido de plateados, rojos, rosas y verdes azulados componen una armonía deliciosa, en la que también juega la tersura nacarada del rostro y el toque de luz de las flores sobre el fondo oscuro. Margarita lleva un traje adornado ricamente con falda acampanada, que se llamaba "de alcuza", y muestra en su rostro infantil los grandes ojos y el óvalo alargado de la familia. El estilo revela los trazos de la última época velazqueña, aunque el pintor no se esmeró demasiado en el dibujo, ni se recreó en la factura de las manos.

Se supone que el retrato lo envió a Viena el rey Felipe IV, como regalo destinado al abuelo de la niña. Se sabe también que figuró desde principios de siglo como una de las piezas de la Galería Imperial. Existe un cuadro casi idéntico, pero sin el detalle del florero, con medidas algo inferiores.

2 | CRISTO EN CASA DE MARTA Y MARIA (1617)
OLEO SOBRE LIENZO
(60 × 135 cm.)
LONDRES, NATIONAL GALLERY

Al igual que en la Vieja friendo

huevos, Velázquez vuelve a recoger escenas caseras, cargadas de realismo y cotidianeidad. El tema de la obra es bíblico, pero el asunto, puramente religioso, se reduce a un escueto rectángulo en una esquina del lienzo, representado como un cuadro. Esta imagen sirve a su vez para dar equilibrio a la masa de figuras del lado opuesto, donde la moza trabaja enérgicamente en las tareas culinarias y la vieja le dicta alguna recomendación. Esta última es la misma mujer cuyo rostro sirvió para representar la Vieja friendo huevos. Como más tarde hará Velázquez, en este cuadro lo religioso queda convertido en algo humano, sin ningún alarde de misticismo.

El óleo está trabajado con abundante pintura y muy a fondo. Es el pincel del joven maestro que intenta agotar al máximo las posibilidades de apresar los objetos a golpe de pincelada. La técnica del claroscuro es muy acusada, como corresponde a su etapa sevillana, pues realizó la obra hacia 1620 en esta ciudad. Las pinceladas son cálidas y tostadas y componen un dibujo muy definido. Esta parece que salió de nuestro país en los tiempos de la Guerra de la Independencia y de aquí fue llevada a Gran Bretaña por un militar inglés, para pasar después a la galería londinense.

3 | VIEJA FRIENDO HUEVOS (1618)
OLEO SOBRE LIENZO
(99 × 128 cm.)
EDIMBURGO, GALERIA NACIONAL DE ESCOCIA

Esta página del costumbrismo

español pertenece a la serie de bodegones con figura de su etapa sevillana, donde muestra su gusto por el natural y los asuntos cotidianos. Lo debió de pintar hacia 1620 y está considerado como uno de los más logrados de este período de su vida. Se trata de una composición de gran equilibrio, muy bien dibujado y de factura consistente y sólida. Velázquez captaba con sus sentidos las formas, los volúmenes, los colores, en un intento de dominar la técnica. Nada más alejado de las modas barrocas del momento que se perdían en composiciones idealistas de mitos y alegorías. Esta composición se cree salió de España en el siglo XIX, comprada por Sir David Wilkie. Una vez en Gran Bretaña, pasó por manos de varios propietarios de colecciones artísticas, como la Cook.

4 | SAN PABLO (1619 c.)
OLEO SOBRE LIENZO
(99,5 × 80 cm.)
BARCELONA. MUSEO DE ARTE DE CATALUÑA

Este cuadro, ejemplo típico de la etapa caravaggiesca de Velázquez, lo realizó el pintor cuando aún no había cumplido los veinte años y vivía en Sevilla. Emplea la técnica del claroscuro, proyectando un fuerte chorro de luz a un costado del apóstol y produciendo una impresión de acusado relieve. Casi parece una escultura, con el sólido volumen de la cabeza y las manos expresivas y nudosas. Los colores más empleados son los terrosos. Mucho se ha hablado de que Velázquez pintó toda una colección de apóstoles de la que este San Pablo formaría parte. Otros de los posibles ejemplares de este apostolado podrían

ser la pintura de Santo Tomás supuestamente atribuida al pintor, el San Pablo de Kansas City y otras obras del convento de San Hermenegildo. Este San Pablo, del Museo de Barcelona, representado de medio cuerpo, perteneció a la colección de don Leopoldo Gil, de Barcelona, donde fue autentificada la obra. Pasó en los años veinte al Museo de Cataluña y fue adquirido posteriormente en 1944 por la viuda del anterior propietario, doña Elisa Nebot. Actualmente se encuentra en el Museo de Barcelona.

5 | LA ADORACION DE LOS MAGOS (1619)
OLEO SOBRE LIENZO
(203 × 125 cm.)
MADRID, MUSEO DEL PRADO

Velázquez fechó esta Adoración en 1619, y es un fiel reflejo de su primera época, dominada por espectaculares claroscuros que aquí nacen de una fuente de luz que procede de la parte izquierda. Tiene la pesadez de sus obras tempranas y una cierta rigidez, tanto en la posición de las figuras como en la composición general del cuadro. Las formas son de gran solidez, y el dibujo, fuerte. El tema de la Adoración, tan reproducido por los artistas de la época en escenas brillantes y lujosas, queda convertido por Velázquez en un sencillo cuadro sin fastuosidades, donde los Magos aparentan ser lo que son, vecinos posiblemente sevillanos, y la Virgen, una mujer morena de rostro suave. Se ha sugerido que los modelos podrían ser personas muy allegadas al pintor: la Virgen, su esposa, Juana Pacheco; el Niño Jesús, su hija Francisca, que acababa de nacer por entonces; el rey joven, su posible hermano, y el rey negro, su propio padre. La fuerza de lo real es aplastante ante la idealización que evoca lo religioso, una faceta que Velázquez perpetuará en sus obras a lo largo de toda su vida. Esta pintura se clasificó en el Museo del Prado como composición pintada al estilo de su maestro, Pacheco. Llegó a este museo procedente de El Escorial, donde estaba considerada como de Zurbarán.

6 JUANA PACHECO REPRESENTADA COMO SIBILA (1632?)
OLEO SOBRE LIENZO
(62 × 50 cm.)
MADRID, MUSEO
DEL PRADO

Esta es una de las escasas figuras que pinta Velázquez de perfil. La realizó en una fecha no determinada, pero se cree que fue poco después de llegar de su primer viaje a Italia. De ello nos hablan los coloridos verdosos y ocres, que parecen inspirados en el cromatismo de la Escuela Veneciana. Sin embargo, otros críticos suponen que la sibila pertenece a su primer período, el sevillano. La mujer que aparece con el traje típico y la tabla en la mano, como corresponde a una sibila, se ha tomado por Juana Pacheco, la esposa del pintor, que le serviría de modelo tan escasas veces, que se sepa. Esta sibila aquí representada tiene un gran parecido con el retrato de la familia de Velázquez que se conserva en Viena, en la Galería Imperial del Belvedere. De todas formas, la identificación de la modelo ha supuesto una ardua polémica entre los críticos del pintor. Muestra aquí Velázquez su estilo magistral a

la hora de dar vida y movilidad a las manos de su personaje, y una factura que también recuerda, en cierto modo, a los italianos.
Apareció la obra catalogada por primera vez en el Palacio de La Granja. Perteneció a la colección de la reina Farnesio. A principios del pasado siglo se sabe que estuvo instalada en el Palacio Nuevo de Madrid, de donde fue trasladada posteriormente al Museo del Prado, en cuyas salas se puede ver actualmente.

7 AUTORRETRATO JOVEN (1622?)
OLEO SOBRE LIENZO
(56 × 30 cm.)
MADRID, MUSEO
DEL PRADO

Por la forma dura en que está realizado, algunos críticos han pensado que no se trata de una obra de Velázquez. Otros han supuesto que el modelo no es el artista sevillano, sino su supuesto hermano, que le sirvió también posando para otros cuadros. La cabeza, que sale de una golilla, muestra una escrutadora mirada de gran viveza que perfectamente podría estar dirigida a la imagen que el pintor recogía del espejo colocado frente a él para realizar su autorretrato. Hay algunas partes del lienzo que no están acabadas. El dibujo está muy cuidado y en el modelado Velázquez da ya muestra de gran habilidad, pese a su juventud. Pertenece a la primera época del pintor y se cree que lo pintó en Sevilla hacia el año 1622, fecha en la que viajó por primera vez a la capital de España. Este supuesto autorretrato se encuentra actualmente en el Museo del Prado, pero se desconoce de dónde llegó ni dónde estuvo anteriormente.

8 LUIS DE GONGORA (1622)
OLEO SOBRE LIENZO
(60 × 48 cm.)
MADRID, MUSEO
LAZARO GALDIANO

En su primer viaje a Madrid, en 1622, Velázquez conoció y retrató al famoso poeta cordobés Luis de Góngora y Argote, que era amigo de Pacheco y todo un personaje en la corte. Además de hombre de letras, Góngora era capellán del rey y personaje influyente que podía abrir al joven pintor el camino hacia palacio. Velázquez no ahorró verismo en este retrato de un adusto hombre de sesenta años, de nariz ganchuda, facciones enjutas y secas, y mirada de pocos amigos. Todo parece indicar que la obra causó una impresión muy favorable y facilitó a Velázquez el acceso a la corte. Pese a su juventud, el pintor había llegado a adquirir una notable maestría en la plasmación del carácter y a lograr plasmar con sus pinceles lo que se considera un verdadero estudio psicológico. Existen varios cuadros de Góngora muy parecidos —como el de Boston—, que han dado mucho que hablar sobre cuál podría ser el original. Este último está pintado con mayor vigor que el del Museo Lázaro Galdiano, realizado con factura más dulcificada. El coleccionista don José Lázaro Galdiano lo adquirió en 1913 y actualmente se exhibe en su museo. De inapreciable valor documental, este retrato da fe del padre del culteranismo de nuestro Siglo de Oro.

9 DON DIEGO DEL CORRAL Y ARELLANO (1631?)
OLEO SOBRE LIENZO
(215 × 110 cm.)
MADRID, MUSEO
DEL PRADO

Se trata de la pareja del retrato

de doña Antonia de Ipeñarrieta, esposa del caballero aquí representado. Este falleció en mayo de 1632 y el cuadro debió de hacerse muy poco antes del óbito. Muestra ya el suave tratamiento matizado de las tonalidades negras, que cada vez irá utilizando más y más Velázquez a partir de esta época. El retratado, don Diego del Corral y Arellano, había nacido en Santo Domingo de Silos en 1570 y se destacó como jurisconsulto. Alcanzó un alto prestigio en la vida pública y en la corte, donde Felipe IV reconoció su valía otorgándole la Orden de Santiago. En el famoso juicio contra don Rodrigo Calderón, don Diego del Corral actuó como juez y se negó a firmar la sentencia de muerte, fiel al dictado de su conciencia, siempre con la verdad y el derecho. También fue catedrático en la Universidad de Salamanca. Contrajo matrimonio con doña Antonia de Ipeñarrieta cuando era ya cincuentón, y tuvo seis hijos.
A principios de siglo este retrato fue objeto de comentarios por parte de la prensa española con motivo del gesto de su propietaria, perteneciente a la nobleza española, que se negó a desprenderse de él, ignorando la oferta de un millonario americano que ofreció por él una suma astronómica.

10 FELIPE IV (1625?)
OLEO SOBRE LIENZO
(57 × 44 cm.)
MADRID, MUSEO
DEL PRADO

Este busto del joven rey Felipe IV, con armadura, golilla y banda, se cree que es tan sólo un fragmento de otro retrato mayor, quizá ecuestre. Mues-

tra el estilo más duro de los primeros tiempos de Velázquez en Madrid, aunque la fecha de su ejecución no se conoce con certeza. A juzgar por el aspecto del soberano, la cabeza pudo pintarse hacia 1625, ya que figura algo más joven que en el retrato que Rubens hizo de él en 1628. Sin embargo, la armadura y la banda del retrato velazqueño parecen un poco posteriores. Allende Salazar ha señalado que estos detalles el pintor sevillano los retocaría después, con rasgos de influencia del artista flamenco.

Hay que destacar el estudio preciso de las facciones de Felipe IV que hizo Velázquez en este retrato, y la magnífica ejecución que mostraba ya por estos años. La obra formaba ya parte del patrimonio del Museo del Prado en 1819. Allí ha permanecido desde entonces, con excepción de los años de la Guerra Civil española, en que salió de España. Coincidiendo con esta salida fue expuesto en Ginebra, junto con muchas otras obras artísticas de este museo.

11 DOÑA MARIA DE AUSTRIA, REINA DE HUNGRIA (1630)
OLEO SOBRE LIENZO
(58 × 44 cm.)
MADRID, MUSEO DEL PRADO

Doña María era la hermana del rey, un año más joven que el soberano. Aunque estuvo prometida al príncipe de Galès Carlos Estuardo, se casó con su primo Fernando de Habsburgo, rey de Hungría y más tarde emperador de Austria. Cuando iba a reunirse con su esposo se detuvo en Nápoles, donde posó para Velázquez, a quien el rey había encargado

este retrato, para poder tener un recuerdo de su hermana. El rey no volvería a ver a doña María después de su matrimonio. Se trata de un cuadro pintado en 1630, con preciso modelado y firme factura. La boca carnosa, la lozanía del semblante y la mirada atenta y serena, hablan elocuentemente de su carácter. El colorido, de tonos cálidos, es armonioso y delicado.

La pintura apareció en el taller del pintor sevillano a la muerte de éste. Se sabe que estuvo expuesto en el Palacio del Retiro en los años de la Guerra de la Independencia y que más tarde pasó al Museo del Prado, de donde salió durante los años de la Guerra Civil española.

Se ha supuesto que este retrato no fue más que un estudio para otro mayor de cuerpo entero.

12 EL INFANTE DON CARLOS (1626-27?)
OLEO SOBRE LIENZO
(209 × 125 cm.)
MADRID. MUSEO DEL PRADO

Muchas historias contradictorias se cuentan del infante Don Carlos, el hermano del rey Felipe IV, que murió a los veinticinco años a consecuencia de una fiebre alta, según se dijo. Mientras que unos han visto en él a un hombre vital y apasionado, según otros era el mero comparsa de su hermano. Si se dijo de él que era hombre de letras con condiciones para la literatura y la poesía, también se afirmó que su inteligencia no llegaba a una medianía aceptable. Velázquez nos lo representó con un porte sumamente elegante y un aspecto más saludable del que solía representar en su regio hermano. Este es el único retrato que el artista sevillano hizo de él. Se puede advertir el dominio que ya tenía del retrato, pero con el sentido del dibujo de sus primeros tiempos en la corte. Utiliza aquí una paleta rica en los grises y negros que tanto le gustaban y que en el futuro utilizará con mucha frecuencia. Las manos del infante son un prodigio de sugerencia, como sucederá cada vez más en sus posteriores retratos. Este se pudo salvar del incendio de 1734 y se llevó al Palacio Nuevo. Más tarde estuvo en la Academia de San Fernando y de allí pasó al Museo del Prado.

13 DOÑA ANTONIA DE IPEÑARRIETA (1629?)
OLEO SOBRE LIENZO
(215 × 110 cm.)
MADRID, MUSEO DEL PRADO

Doña Antonia de Ipeñarrieta fue la esposa de don Diego del Corral y Arellano, a quien Velázquez también hizo un retrato que forma pareja con éste. Previamente había estado casada con don García Pérez de Aracil. Tuvo seis hijos de su segundo matrimonio. Aquí la vemos en compañía de uno de sus hijos, pero es evidente que el niño no fue pintado por Velázquez, porque cuando hizo el cuadro el niño aún no había nacido. Se supone que la obra corresponde a 1629, aproximadamente. Sin embargo, el rostro y las manos de la madre llevan el inconfundible sello de Velázquez. Se puede reconocer la técnica de los frotados, muy propios de su pintura en estos años. El retrato lleva la firma del pintor sevillano, y fue traído a Madrid después de conservarse durante mucho tiempo en Zarauz. Lo heredó la Duquesa de Villahermosa, quien lo legó al Museo del Prado al morir, junto con la pareja, representación de don Diego del Corral. Durante los años de la Guerra Civil ambos retratos salieron de España y fueron presentados en una exposición celebrada en Ginebra, dentro de una selección de pintura española.

14 LOS BORRACHOS (1628?)
OLEO SOBRE LIENZO
(165 × 225 cm.)
MADRID, MUSEO DEL PRADO

Esta composición, que cierra la etapa juvenil y del claroscuro del artista sevillano, nos muestra un asunto mitológico totalmente humanizado, hasta el punto que se podría tomar por una desmitificación de El triunfo de Baco, nombre con que se denominó en un principio y que fue cambiado, por el peso de la tradición popular, por el que ahora tiene. Fue pintado hacia 1628 y recoge por primera vez el desnudo, tan en boga por entonces. Esta acertada obra muestra a un grupo de amantes del vino, ebrios, disfrutando de las delicias báquicas, bajo una parra. Mientras un muchacho, con la cabeza coronada de pámpanos, se sienta sobre un tonel, otro le corona con hiedra y otro grupo se divierte en medio de los vapores del vino. Estamos aquí más cerca del costumbrismo español y la picaresca que de la mitología clásica. Los rostros y los tipos de la composición son muy expresivos y muestran acusados volúmenes y perfiles bien destacados sobre el fondo, muy normal en la etapa de influencia caravaggiesca. Los colores son dorados y luminosos, y las pinceladas, decididas. Por otra parte, aunque la escena representa un lugar al aire libre, la iluminación hace pensar que ha sido realizado en un interior. Cuando se acabó Los borrachos el cuadro fue muy celebrado.

Pudo salvarse del incendio de El Alcázar en 1734, pero fue recortado, quizá a consecuencia de los efectos del fuego. Pasó de allí al Palacio del Buen Retiro y más tarde al Palacio Nuevo. Antes de desembocar en el Museo del Prado parece que estuvo un tiempo en Francia.

15 FELIPE III A CABALLO
(1629?)
OLEO SOBRE LIENZO
(300 × 314 cm.)
MADRID, MUSEO DEL PRADO

Cuando Velázquez dejó Sevilla para ir por primera vez a Madrid, el rey Felipe III ya había muerto y el pintor no pudo conocerle personalmente. Por eso se supone que tomaría la imagen de otros retratos que se hicieron anteriormente en vida del rey. Otra de las hipótesis es que Velázquez utilizó algún cuadro ya pintado y lo transformó a su gusto. Lo que sí parece claro es que en esta pintura hay otros pinceles ajenos a los de Velázquez. Sin embargo, se reconoce su estilo en el conseguido conjunto, el caballo, la armadura del rey Felipe y en algunos fragmentos del paisaje que sirve de fondo. Luce el retratado las célebres joyas de la corona de los Austrias: un dia-

mante cuadrado conocido como "El estanque" y una perla de forma alargada llamada "La peregrina". Se conocen ambas como "el joyel de los Austrias" y el rey las luce en su tocado.

Francisco de Goya hizo un grabado de este retrato ecuestre, al igual que de los otros cuatro, que fueron pintados para el Salón de Reinos que se encuentra en el Palacio del Buen Retiro.

16 LA REINA DOÑA MARGARITA DE AUSTRIA A CABALLO
(1629?)
OLEO SOBRE LIENZO
(299 × 309 cm.)
MADRID, MUSEO DEL PRADO

Retrato ecuestre de la esposa del rey Felipe III. Era hija del archiduque Carlos de Estiria y de María de Baviera, y contrajo matrimonio a los catorce años. El Conde Duque quiso evitar que ejerciera su influencia en la corte española y la reina vivió varios años recluida y dedicada a sus devociones, aunque más tarde tomó represalias contra los hombres del valido. Tuvo ocho hijos y falleció a los veintiséis años a consecuencia de su último parto, en 1611. Lógicamente Velázquez no la debió conocer personalmente, por lo que existe la hipótesis de que este retrato lo realizó sobre otro ya existente o bien no se pintó del natural en vida de la reina. Al parecer, Velázquez sólo puso su mano para retocar el traje, parte del paisaje y las patas delanteras del caballo. Se pueden apreciar en el conjunto visos de detallismo relamido, que parecen muy poco acordes con el estilo del pintor sevillano, y una cierta rigidez en las formas y en la factura. Carece del color y la fuerza expresiva que suelen emanar los retratos suyos. Fue pintado para el Salón de Reinos del Palacio del Buen Retiro.

17 LA FRAGUA DE VULCANO (1630)
OLEO SOBRE LIENZO
(223 × 290 cm.)
MADRID, MUSEO DEL PRADO

Nos encontramos ante uno de los escasos cuadros de tema mitológico que compuso Velázquez tras su primer contacto con Italia, donde aún se respiraba el culto por estos asuntos. Es la primera obra de este género que ejecutó y en ella conjuga perfectamente la fábula con lo real. Logra Velázquez dar la sensación de instantaneidad, del preciso momento en que Apolo entra en el taller del dios herrero Vulcano y le anuncia que su esposa, Venus, le ha engañado con Marte. Como si se tratase de una fotografía, todos los personajes, formando una composición unitaria, quedan disecados en un fugaz momento, en movimientos de absoluta naturalidad. Excepto el aura que rodea la cabeza de Apolo, todo en el cuadro pertenece al mundo de lo humano: la fealdad de Vulcano, la corporeidad de los herreros. El rostro de Apolo también tiene un punto de divinidad, perfilado en bellas formas luminosas. Luces y volúmenes se conjugan armoniosamente y tanto el dibujo como el color han sido cuidados esmeradamente, como resuelto esfuerzo de Velázquez para imponerse en el estilo académico del siglo XVII italiano. Una de las facetas más celebradas de esta obra es su composición y la ligazón fácil entre los personajes que forman la escena en posturas sueltas. Esta será la segunda ocasión en que el pintor sevillano se empeñe en el tema del desnudo, tratando de hacer estudios de brazos, bustos, musculatura y calidad de piel, todo ello muy acorde con la moda de la época. A principios del siglo XVIII esta pintura se encontraba en el Buen Retiro, de donde pasó al Palacio Nuevo y, más tarde, al Museo del Prado.

18 EL INFANTE DON FERNANDO DE CAZA (1632-36)
OLEO SOBRE LIENZO
(191 × 107 cm.)
MADRID, MUSEO DEL PRADO

Se pintó este cuadro para componer un conjunto con los del rey Felipe IV y el del príncipe Baltasar Carlos, ambos de caza. No se conoce la fecha de su realización, pero, a juzgar por la desenvoltura con que está pintado, hay que pensar en la cuarta década de la vida de Velázquez. Esto plantea un problema: el infante salió de España en 1632 y nunca regresó. En 1634 se dirigió a Bruselas, donde falleció en 1641. La fecha de 1632 es la última en la que el pintor y el infante don Fernando pudieron verse, pero no es de suponer, al estudiar la obra, que fuese ejecutada antes de esa fecha. Se ha sugerido la acertada hipótesis de que el rostro lo pudo hacer Velázquez del natural antes de que el hermano del rey marchara, y el resto algunos años después. El pintor ha reflejado al infante con los atributos de una suma distinción y elegancia, que quedan reflejados tanto en el traje como en la postura del retratado. Como ocurre en los cuadros con los que forma un conjunto, el fondo está tratado con esmero y recoge paisajes del Guadarrama. Beruete lo califica como el más decorativo de los cuadros de caza del artista.

19 LA REINA ISABEL DE FRANCIA A CABALLO (1631?)
OLEO SOBRE LIENZO
(301 × 314 cm.)
MADRID, MUSEO DEL PRADO

Representa a la esposa del rey Felipe IV y se calcula que fue pintado hacia 1631, cuando la

familia a los servidores de Palacio por parte de los reyes de la Casa de Austria y de Borbón.

soberana tenía unos veintisiete años. Su destino era el Salón de Reinos del Palacio del Buen Retiro, donde sería expuesto junto a otros personajes reales. Está realizado a tamaño natural y se supone que han intervenido otros pinceles además del de Velázquez. Isabel luce un rico traje aderezado con las joyas familiares de los Austrias. Algunos críticos suponen que tal vez un pintor posterior a Velázquez retocó el rostro, el traje y el caballo de la reina, y muy especialmente el peinado de la soberana, por el hecho de que éste parece un plastón sin mucha soltura y desprovisto de gracia. Otros documentos de la época hacen pensar que el cuadro representó originalmente a Isabel con un sombrero que después se eliminó.

|20|EL BUFON DON JUAN DE AUSTRIA|
(1632?)
OLEO SOBRE LIENZO
(210 × 123 cm.)
MADRID, MUSEO
DEL PRADO

Aunque consta que este bufón recibía algunos bienes de Palacio, no consta oficialmente como "hombre de placer" al servicio de la Casa Real. No se conoce su identidad y el nombre se supone que lo recibió al ser apadrinado por el rey o algún pariente suyo, lo que ofrecía la posibilidad de otorgar el nombre de pila y de

|21|PABLO DE VALLADOLID|
(1633 c.)
OLEO SOBRE LIENZO
(290 × 123 cm.)
MADRID, MUSEO DEL
PRADO

Se desconoce la fecha en que Velázquez pintó esta obra, sobre la que los críticos difieren bastante. Mientras que para unos es de su primera época, para otros es de época mucho más avanzada. El personaje aquí plasmado fue acogido en el Palacio de Felipe IV en 1633, donde éste murió quince años después, dejando dos hijos: Isabel y Pablo. Sobre un fondo grisáceo, que quiere sugerir el vacío —algo así como un capricho o experimento del pintor—, emerge una cabeza llena de fuerza y simplicidad. El conjunto de la figura queda bien acogido en este fondo inexistente, con sólo alguna breve sombra. El personaje sugiere a un pícaro, aunque durante mucho tiempo se le tomó por un cómico. La soltura con que parece realizado puede hacernos pensar que este Pablo fue pintado después del regreso de Velázquez de Italia. Estuvo colocado en el Palacio del Buen Retiro hasta 1772, en que pasó al Palacio Nuevo. En el siglo XIX pasó a la Academia de San Fernando y pocos años después al Museo del Prado, donde hoy se puede contemplar. Puede dar la sensación, en algunos aspectos, de obra inacabada, pero bien puede considerarse como un capricho de la inventiva velazqueña más que otra cosa.

|22|BALTASAR CARLOS DE CAZA|
(1635)
OLEO SOBRE LIENZO
(191 × 103 cm.)
MADRID, MUSEO
DEL PRADO

Este retrato del príncipe Baltasar Carlos fue realizado cuando el niño tenía seis años, según consta en la parte inferior del cuadro. Por lo tanto, debió de ser pintado por Velázquez hacia 1635, después de su viaje a Italia. Forma un conjunto con otros dos del mismo género, los del rey Felipe IV y el Infante don Fernando, todos ellos de caza. El pintor ha abandonado ya totalmente el claroscuro y se inclina hacia los colores más claros. Los tres retratos armonizan en colorido, indumentaria y en el paisaje que les sirve de fondo. Se iniciaron para ser instalados en una sala real. Este de Baltasar Carlos se suele considerar el mejor de todos los retratos que hizo del niño, del que recogió toda su gracia y belleza. La cabeza está modelada en tonos claros, con ligeras medias tintas, y realizada con sencillez. La silueta es magnífica, así como el perro. A la pintura le falta un trozo vertical donde se supone que iban otros dos perros. En cuanto al paisaje, presenta unas bellas modulaciones de fina armonía de colores que van de los grises y blancos a los azules, terrosos, rosas y oros.

|23|EL PRINCIPE BALTASAR|
CARLOS A CABALLO (1635?)
OLEO SOBRE LIENZO
(209 × 173 cm.)
MADRID, MUSEO
DEL PRADO

Se realizó hacia 1635 para de-

corar, junto a otros retratos ecuestres, el Salón de Reinos del Buen Retiro. Un bello fondo paisajístico en grises, azules y blancos nevados representa la sierra de Guadarrama, ante la cual el pintor plasma esta figura infantil llena de gracia. El rostro del príncipe está realizado con sencillez, lo que no ocurre con la voluminosa panza del caballo, en corveta, siguiendo la moda de la época. La postura del príncipe es demasiado cómoda para la violenta corveta de su cabalgadura. Sin embargo, es un retrato que goza de gran popularidad y de un fondo fascinante. El traje del niño es un rico ejemplo de colorido. La factura es ligera y con poca pasta. Tiene el lienzo unos trozos añadidos y un doblez.

|24|FELIPE IV DE CAZA (1635)|
OLEO SOBRE LIENZO
(191 × 126 cm.)
MADRID, MUSEO
DEL PRADO

Es uno de los tres retratos de caza que pintó Velázquez para la Torre de la Parada. Debió de realizarlo después de su viaje a Italia, hacia 1635, y denota

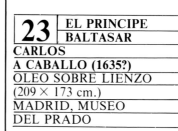

una preferencia por colores más claros y un abandono total del claroscuro. La cabeza está trazada con notable soltura y el pintor ha resaltado la distinción del monarca en su figura, bien compuesta en traje y postura. De nuevo, el pintor sevillano se recrea en las formas de las manos y en los paisajes.

25 LA RENDICION DE BREDA (1635)
OLEO SOBRE LIENZO
(307 × 367 cm.)
MADRID, MUSEO DEL PRADO

En el año 1625, el general Ambrosio de Spínola, Marqués de los Balbases, consigue rendir la plaza fuerte de Breda, una de las claves estratégicas de Holanda. Este genovés al servicio de la corona española, del que se dice fue el general más humano de su tiempo, logró lo que parecía imposible. Justino de Nassau, que resistió durante nueve meses el asedio de la fortaleza, tuvo por fin que rendirse, momento que fue recogido por los pinceles de Velázquez unos diez años después.
Dispone el pintor la composición en una U de brazos abiertos en un primer plano y aloja en esa concavidad un segundo plano de gran luminosidad. Los dos grupos de hombres, ofrecen masas equilibradas. Velázquez conoció a Spínola mucho antes de realizar esta obra. Con él hizo la travesía hacia Génova en su primer viaje a Italia, de modo que pudo bien recordar sus rasgos. Sin embargo, es imposible que llegara a conocer personalmente a Justino de Nassau. Este cuadro lo pintó por encargo del Conde Duque para la Galería del Salón de Reinos del Buen Retiro. Se salvó del incendio en 1640 y pasó de allí al Palacio Nuevo. Aparece ya catalogado en el primer catálogo del Museo del Prado.

26 RETRATO DE ESCULTOR (1636?)
(109 × 87 cm.)
MADRID, MUSEO DEL PRADO

Se trata aquí del retrato que un artista hace de otro artista, en este caso un escultor. El representado es un amigo de su suegro, Pacheco, nacido en 1568 y que tenía ya una edad avanzada cuando posó para Velázquez. No se sabe la fecha de su realización, aunque es posible que coincidiera con la única estancia de Martínez Montañés en Madrid, en el año 1636. El material pictórico que ha empleado aquí Velázquez ha es muy escaso, y el modelado, muy sutil. Actualmente esta obra se encuentra en el Museo del Prado, donde llegó desde El Pardo.

27 EL BUFON BARBARROJA (1636?)
OLEO SOBRE LIENZO
(198 × 121 cm.)
MADRID, MUSEO DEL PRADO

Aunque este cuadro se tuvo durante un tiempo por el retrato del legendario pirata Barbarroja, el retratado no es otro que don Cristóbal de Castañeda y Permia, bufón de Palacio desde el año 1633. Trabajó éste como emisario del Cardenal Infante y fue expulsado de la corte y exiliado a Sevilla, por ciertas mofas en relación con el valido del rey, el Conde Duque de Olivares. Sin embargo, recibió su paga hasta mediados de siglo. Don Cristóbal de Castañeda gustaba de hacerse pasar por personaje temerario y apoyaba su fama en su bravura para matar toros y su aspecto corpulento y bravucón. El pintor sevillano le pintó cuando el retratado llegaba a la cuarentena, con traje turquesco y capelar blanco, que se presupone fue añadido posteriormente. El cuadro no está concluido y resulta especialmente interesante para descubrir la forma en que pintaba su autor. A principios del siglo XVIII estaba en el Palacio del Buen Retiro, de donde pasó al Palacio Nuevo setenta años después. Finalmente se colgó en los muros de la Academia de San Fernando y del Museo del Prado, donde está hoy.

28 EL CONDE DUQUE DE OLIVARES A CABALLO (1638?)
OLEO SOBRE LIENZO
(313 × 239 cm.)
MADRID, MUSEO DEL PRADO

Se trata de un ostentoso retrato del valido de Felipe IV, que parece inspirado en la pintura de Rubens, con la enérgica movilidad propia del Barroco. No se sabe exactamente cuándo lo pintó, pero se supone que fue tras el mayor éxito militar del Conde Duque, cuando organizó personalmente la batalla en que se recobró Fuenterrabía, en 1638. El retrato perteneció a su modelo, don Gaspar de Guzmán, y al Marqués de la Ensenada.

29 FELIPE IV, A CABALLO (1634?)
OLEO SOBRE LIENZO
(3,01 × 3,14 cm.)
MADRID, MUSEO DEL PRADO

Pertenece a la serie de retratos ecuestres realizados para el Salón de Reinos del Palacio del Buen Retiro. Es el único que se conserva del monarca a caballo, ya que Velázquez debió pintar varios. Muestra al retratado de perfil, pose muy poco habitual entre los muchos retratos que Velázquez hizo de él. Aunque la obra aparece muy repintada y se puede observar la acumulación de capas de pintura sobre otras anteriores, se cree que en ella sólo ha intervenido la mano del sevillano. Es una bella muestra del hacer velazqueño y algunos estudiosos del artista lo consideran uno de los más hermosos retratos salidos de su pincel.

30 EL BUFON CALABACILLAS (1639?)
OLEO SOBRE LIENZO
(106 × 83 cm.)
MADRID, MUSEO DEL PRADO

Velázquez recoge la imagen entrañable y humana de este bufón al que las calabazas dan nombre. Aunque durante años se identificó esta obra como retrato de El bobo de Coria, el retratado se llamaba oficialmente Juan Calabazas, tal como consta en los documentos de la época. No se conoce la fecha exacta de cuándo fue retratado por el sevillano, aunque se supone que debió de ser poco antes de su muerte, acaecida en 1639.

Calabacillas es el más genial entre los retratos de "hombres de placer" que ejecutó Velázquez con sus pinceles, y que no fueron pocos. Estuvo emplazada la obra en la Torre de la Parada durante la mayor parte del siglo XVIII. Luego pasó al Palacio Nuevo y de allí al Museo del Prado, donde se catalogó con el nombre de El bobo de Coria en 1819.

| 31 | EL NIÑO DE VALLECAS (1637 c.) |

OLEO SOBRE LIENZO
(107 × 83 cm.)
MADRID, MUSEO
DEL PRADO

Este enano encefálico apodado "El vizcaíno" se llamaba en realidad Francisco Lezcano. Se trata de uno de los más emotivos retratos de bufones que realizó el sevillano y muestra un estudio profundo de la personalidad del retratado. La técnica empleada revela pinceladas pastosas y enérgicas y un acusado efecto de claroscuro. El estilo recuerda bastante al que siguió al pintar el popular Bufón Calabacillas.

Durante bastantes años se creyó que se trataba de la imagen de una mujer y se le dio el título de "Una muchacha boba". Después se rectificó su identidad. No se conoce la fecha exacta de su realización, pero se calcula que Velázquez lo pintó después de su primer viaje a Italia, hacia 1636. Formó parte de la decoración del Palacio de El Pardo y de allí pasó al Palacio Nuevo de Madrid. Después fue llevado al Museo del Prado.

| 32 | CACERIA REAL DEL JABALI |

(1638?)
OLEO SOBRE LIENZO
(188 × 312 cm.)
MADRID. NATIONAL
GALLERY, LONDRES

Este paisaje, que tiene mucho de costumbrista, representa una cacería de jabalíes en el lugar llamado "El Hoyo", en las inmediaciones de El Pardo. Se pueden ver, inmersos en la escena, ante un paisaje de suaves colinas, al rey Felipe IV, a su ballestero, Juan Mateos; al Conde Duque de Olivares y al infante don Fernando. Los cazadores persiguen y alcanzan al jabalí. Hombres armados con garrotes y las jaurías de perros de caza acaban con el animal.

Este paisaje, que se encuentra actualmente en la National Gallery londinense, salió de España al ser entregado gratuitamente por Fernando VII al hermano del Duque de Wellington, Wellesley. Pasó a su actual emplazamiento el año 1846, donde fue ampliamente retocado y repintado sin acierto por el pintor George Lance, por lo que la pintura ha perdido gran parte de su belleza.

| 33 | VISTA DE LA CIUDAD DE |

ZARAGOZA (1647)
OLEO SOBRE LIENZO
(181 × 331 cm.)
MADRID, MUSEO
DEL PRADO

Este paisaje de Zaragoza está firmado y fechado por el yerno

de Velázquez en 1647. Sin embargo, parece que la crítica reconoce en él, con bastante unanimidad, la intervención del gran maestro. La ciudad de Zaragoza está plasmada del natural y ofrece un bello colorido. En primer término aparece la ribera, poblada de diferentes personajes.

Sobre el horizonte se perfilan las torres de la ciudad, de palacios y conventos, y en el centro del cielo se colocó a la Virgen del Pilar. Esta estaba sostenida en un principio por varios ángeles, que luego desaparecieron de la pintura. Parece que todo el primer plano, donde figuran aragoneses pescando, paseando o realizando actividades de la vida común, está realizado por la mano de Velázquez. El primer catálogo del Museo del Prado muestra que ya estaba allí en el año 1819 y destaca su belleza de colorido.

| 34 | MENIPO (1639-40?) |

OLEO SOBRE LIENZO
(179 × 94 cm.)
MADRID, MUSEO
DEL PRADO

Forma pareja con el Esopo y ambos fueron pintados para la Torre de la Parada. Este pícaro de sonrisa algo burlona quiere representar al poeta y filósofo griego de la escuela cínica que llegó a Fenicia como esclavo y se enriqueció con la usura. Sin embargo, perdió toda su fortuna y cayó en la más negra desesperación. Me-

nipo corrió la misma suerte que el Esopo y fue trasladado a Madrid, y se le colocó en los salones del Palacio Nuevo. De allí fue llevado al Prado.

| 35 | ESOPO (1639-40?) |

OLEO SOBRE LIENZO
(179 × 94 cm.)
MADRID, MUSEO
DEL PRADO

El fabulista griego, del que se decía que era feo, tartamudo y jorobado, pero de brillante ingenio, inspiró a Velázquez esta pintura, cuyo modelo podría ser perfectamente cualquier anciano vagabundo que conociera. Aunque se ignora la fecha de su ejecución, se cree que lo pintó hacia 1640, junto con el Menipo, que forma pareja con éste. Su destino era la Torre de la Parada, en el pabellón de caza de El Pardo. Este cuadro figuró ya como perteneciente al patrimonio del Museo del Prado en el año 1819.

| 36 | SAN ANTONIO ABAD Y SAN |

PABLO ERMITAÑO
(1642 c.)
OLEO SOBRE LIENZO
(2,57 × 1,88 m.)
MADRID, MUSEO
DEL PRADO

Por la forma de arco rebajado que muestra el lienzo no es difícil suponer que se pintó para ser colocado en un altar. Posiblemente su destino fue la ermita de San Pablo, del Retiro. En un paisaje dramático de cielo oscuro, dos personajes rezan bajo un peñasco.

Según la tradición, San Antonio abandonó a los noventa años los monasterios de Egipto y fue a visitar a San Pablo, que tenía más de cien

años de edad y se alimentaba de dátiles y del pan que le traía el cuervo. El ermitaño anunció al visitante que iba a morir pronto y le pidió que le amortajase con un manto. Cuando regresó San Antonio, San Pablo ya había muerto y dos leones cavaban su tumba.

37	**LA CORONACION DE LA VIRGEN**

(1641-42)
OLEO SOBRE LIENZO
(176 × 134 cm.)
MADRID, MUSEO
DEL PRADO

Aunque es de tema religioso, no produce una sensación mística trascendente. Lo pintó hacia 1642 para el oratorio particular de la reina. La composición ofrece la peculiaridad de que adopta la simbólica forma de corazón, mientras que la mano de la Virgen señala con el dedo corazón su propio corazón. Todo él está realizado con una audacia de colorido donde abundan los colores morados, que enfrían el cuadro, junto a azules y rojos, en un conjunto entre armonioso y discordante.
Se ha comparado esta obra con la de El Greco, en cuanto al tratamiento del color y de los ropajes; sin embargo,

el que éste da al tema religioso está muy alejado del sello de humanidad que le imprime Velázquez. Así, por ejemplo, la cabeza del Padre Eterno, pintada con tanta precisión, podría ser la de un vagabundo. Se trata del mismo modelo que posó para <u>San Pablo eremita</u>. También la cabeza de Cristo está pintada con estudiado detalle. Esta obra se salvó del incendio producido en el viejo Alcázar en 1734 y de allí pasó al convento de San Gil, al Palacio Nuevo y más tarde al Prado.

38	**MARTE (1642?)**

OLEO SOBRE LIENZO
(179 × 95 cm.)
MADRID, MUSEO
DEL PRADO

Este estudio mitológico de Marte, el dios de la guerra, puesto en manos de la visión desmitificadora de Velázquez, ha hecho decir a algunos críticos, como Lafuente Ferrari, que se trata de una versión irónica y barroca del dios, totalmente opuesta a la interpretación que hubiera podido hacer el Renacimiento.
De la Torre de la Parada, donde fue colocado, lo trasladaron a Madrid. Estuvo en el Palacio Nuevo y, a principios del siglo XIX, el rey Fernando VII lo cedió a la Academia de San Fernando, y allí siguió hasta 1827, fecha en que pasó al Museo del Prado.

39	**JUAN FRANCISCO DE PIMENTEL,**

CONDE DE BENAVENTE (1648)
OLEO SOBRE LIENZO
(109 × 88 cm.)
MADRID, MUSEO
DEL PRADO

Don Juan Francisco de Pimentel, Conde de Benavente, era presidente del Consejo de Italia y gentilhombre de cámara del rey Felipe IV, quien en 1648 le concedió el Toisón de oro que luce. Se supone que el retrato ha sufrido algunas modificaciones, no sólo en los retoques posteriores que se han advertido, sino también en el tamaño, ya que aparece recortado. A mediados del siglo XVIII estaba en el Palacio de La Granja. Se tenía por obra de Tiziano. Más tarde, se llevó al Palacio Nuevo, de donde pasó al Museo del Prado.

40	**EL BUFON EL PRIMO (1644)**

OLEO SOBRE LIENZO
(107 × 82 cm.)
MADRID, MUSEO
DEL PRADO

Don Diego de Acedo, apodado El primo, trabajó como oficial de cámara y estampilla en la corte de Felipe IV. De este enano se contaban muchas historias, como que era aficionado a las letras y hombre culto. Quizá por eso fue representado con los símbolos de los libros, la pluma y el tintero. Igualmente se le atribuyen andanzas amorosas con algunas

damas de la corte. El retrato fue pintado en Fraga, en el año 1644, según consta. Estuvo emplazado en el viejo Alcázar, de donde pasó a El Pardo a principios del siglo XVIII. Consta que, en 1772, estaba en el Palacio Nuevo y más tarde, en 1819, en el Museo del Prado.

41	**EL BUFON SEBASTIAN DE**

MORRA (1644)
OLEO SOBRE LIENZO
(1,06 × 0,81 m.)
MADRID, MUSEO
DEL PRADO

Catalogado en el Museo del Prado como obra "pintada con franqueza y con mucha verdad", este personaje retratado por Velázquez fue identificado por Madrazo, aunque aún existen algunas dudas sobre él. Este hombre de gesto malhumorado y algo patizambo fue bufón del Infante don Fernando. Marchó con él a Flandes y regresó a España en 1641. Entra poco después al servicio del príncipe Baltasar Carlos, con el que estuvo hasta 1649, en que murió.

42	**LA VENUS DEL ESPEJO**

(1645?)
OLEO SOBRE LIENZO
(123 × 175 cm.)
LONDRES, NATIONAL
GALLERY

Esta obra de Velázquez que se exhibe en la National Gallery y es muy conocida en el Reino Unido, es una obra claramente italianizante, pero con un viso "a la española" que le dio el sevillano. En realidad se trata del primer desnudo de nuestra pintura.
La composición de este desnudo recuerda a alguna venus de

Tiziano, pero con menos expresión de sensualidad. Se cree que se pintó hacia 1645, ya que se advierte la facilidad de la dicción y las tonalidades plateadas de etapas ya un poco avanzadas. Armoniosa sencillez en la figura y elegancia del conjunto son dos características fáciles de advertir. La postura de la venus es natural, relajada, cómoda. Sus formas son, más que las de una clásica venus, las de una mujer española de hombros estrechos y amplias caderas.

Las luces suaves no producen sombras acusadas y destacan los suaves ocres sobre fondos rojos y agrisados. Se da como posible que la modelo fuera una actriz llamada Damiana, amante de un marqués y conocida por algunas historias escandalosas. Como existen varias Venus del espejo, no queda muy claro si ésta es la que apareció en el taller de Velázquez a su muerte o se trata de otra que apareció en posesión de un amigo del pintor, Domingo Guerra. Una venus fue inventariada en casa del Marqués de Heliche, obra que pasó a la Casa de Alba, donde permanecería hasta que la comprara Godoy. Fue adquirida después para la colección inglesa de Morrit, de donde pasó, a principios de este siglo, a la casa Thomas Agnew, y, a continuación, a la National Gallery.

43	PAISAJE DE LA VILLA DE

MEDICIS (1650)
"El mediodía"
OLEO SOBRE LIENZO
(44 × 38 cm.)
MADRID, MUSEO
DEL PRADO

Los dos cuadros de la Villa de Médicis son dos paisajes singularísimos, entre otras cosas, por la atrevida técnica impresionista que Velázquez empleó en ellos. Se trata de dos óleos de diferente tamaño pintados al natural en el jardín romano de la villa donde Velázquez estuvo alojado durante más de

dos meses en su primer viaje a Italia. Sin embargo, esta avanzadísima técnica, de gran soltura, nos habla de una madurez artística y de fechas posteriores a este primer viaje.

Una diferencia básica caracteriza a los dos cuadros: la luz que baña el ambiente, y que viene condicionada por la hora del día en que están pintados. El pabellón de Ariadna está tomado al mediodía, con el sol en su cenit.

44	PAISAJE DE LA VILLA DE

MEDICIS (1650)
"La tarde"
OLEO SOBRE LIENZO
(48 × 42 cm.)
MADRID, MUSEO
DEL PRADO

La tarde, el otro paisaje de la Villa de Médicis, tiene unas proporciones algo superiores al de El mediodía, aunque pudiera ocurrir que éste hubiera sido recortado. Nos presenta un pórtico con balaustrada de mármol por la que se asoma una figura tras un paño tendido sobre aquélla. Detrás resaltan las manchas verdeoscuras de los grandes cipreses. La luz vespertina tiñe de dorado el rincón del jardín. Se trata de un genial estudio del ambiente al aire libre, realizado con pinceladas nerviosas y sueltas.

En esta época nada se ha hecho parecido en cuestión de paisajes. El siglo XVII se dedicaba a utilizarlos simplemente como un pretexto, un marco para encuadrar las figuras.

45	FELIPE IV (1655-60)

OLEO SOBRE LIENZO
(69 × 56 cm.)
MADRID, MUSEO
DEL PRADO

Este es quizá uno de los retratos del rey que recoge más fielmente su aspecto humano. En atuendo sobrio, Velázquez ha captado la abulia y el cansancio de un monarca que ya ha entrado en la cincuentena y que dista de su imagen juvenil donjuanesca. Despojado aquí de la pompa de la corona, aparece con una simple golilla, en actitud serena y próxima. El rostro alargado y pálido se corta con el perfil de las guías del bigote. Es el retrato de un hombre y no el del primer personaje de la Corte. Un decreto transfirió este cuadro a la Academia de San Fernando en 1816, de donde pasó al cabo de once años al Museo del Prado.

46	RETRATO DE MARIANA DE

AUSTRIA (1652)
OLEO SOBRE LIENZO
(66 × 40 cm.)
MADRID, ACADEMIA DE
SAN FERNANDO

Segunda esposa y sobrina del rey Felipe IV, contrajo matrimonio con él a los quince años. Cuando Velázquez realizó este retrato debía de tener la reina unos diecinueve. Aunque el pintor no eludió plasmar el carácter frío y el gesto algo desdeñoso de la soberana,

aquí ha suavizado sus facciones; nos muestra a una modelo más radiante y armoniosa que en otros retratos que hizo de ella.

47	MERCURIO Y ARGOS (1659?)

OLEO SOBRE LIENZO
(127 × 248 cm.)
MADRID, MUSEO
DEL PRADO

Recoge este cuadro el mito que cuenta cómo Mercurio fue a rescatar a Io, que Argos había convertido en una vaca y tenía secuestrada en una cueva. El pintor realizó esta obra por encargo del rey. Todos ellos debían decorar el Salón de los Espejos de El Alcázar. Posteriormente fue llevado al Palacio Nuevo, y de allí pasó al Prado.

48	LAS MENINAS (1657?)
49	OLEO SOBRE LIENZO

(318 × 276 cm.)
MADRID, MUSEO
DEL PRADO

Este famoso cuadro fue pintado por Velázquez hacia 1657. En una escena cotidiana de palacio vemos, como punto central, a la Infanta Margarita. La niña está atendida por sus meninas, doña Agustina Sarmiento y doña Isabel de Velasco. El término menina es una palabra portuguesa destinada a la muchacha noble que sirve a las reinas y a las infantas como dama de honor. En primer término aparece la enana alemana Mari Bárbola, una mujer acondroplásica, defecto en el cual la deformidad física suele ir acompañada de un alto desarrollo mental; junto a ella, Nicolás de Pertusato, enano nacido en Milán en 1642, que servía a la reina. En

segundo término, doña Marcela de Ulloa, guarda menor de damas, y don José Nieto Velázquez, guardadamas de palacio. Los reyes aparecen reflejados en un espejo, al fondo, y se supone que están sirviendo de modelos al pintor, al que vemos en plena actividad. Al fondo, un personaje contempla la escena dejando entrar un chorro de luz e incrementando el efecto de perspectiva en un intento totalmente logrado y muy audaz. Se ha celebrado mucho de este cuadro la calidad de la atmósfera, del aire que llena el recinto y desdibuja las figuras.
El lienzo, formado por tres piezas cosidas verticalmente, se emplazó en el despacho del rey y de allí pasó al Palacio Nuevo. Hoy se puede considerar como una de las piezas estelares del Museo del Prado, donde ya se catalogó en 1819.

50 LAS HILANDERAS (1657?)
OLEO SOBRE LIENZO
(220 × 289 cm.)
MADRID, MUSEO DEL PRADO

Se trata de una de las últimas obras de Velázquez y una de las más geniales obras pictóricas. De nuevo vuelve el autor a los temas cotidianos y nos lle-

va al obrador de la calle Santa Isabel de Madrid, donde las mujeres se dedicaban a tejer y a reparar tapices. Las trabajadoras aparecen sorprendidas en un instante fugaz, en posturas de suma naturalidad y de una elegancia y armonía que se pueden considerar clásicas. En segundo término se desarrolla otra escena de la fábrica en la que Angulo ha querido encontrar la representación del tema de Palas y Aracné, de Ovidio. La composición recuerda a otras de Velázquez; una U de brazos abiertos en primer término, con un vientre central muy luminoso. La luz del primer plano es menos intensa, y confiere a las figuras un vibrante sentido de realidad.
Sobre el fondo claro del escenario superior y la oscuridad de la pared, resalta la luz y el color del tapiz. Las formas apenas están insinuadas en puras pinceladas esquemáticas, ejecutadas con la soltura y fluidez de la última época del pintor. En el incendio de 1734 Las hilanderas sufrió un acusado deterioro. Posteriormente fue restaurado. Antes de llegar al Museo del Prado perteneció al montero de Felipe IV, el regidor don Pedro de Arce. Después pasó al viejo Alcázar. Por último, estuvo en el Palacio del Buen Retiro y en el Nuevo, de donde pasó al Prado.

51 DOÑA MARIANA DE AUSTRIA, ORANTE
OLEO SOBRE LIENZO
(209 × 147 cm.)
MADRID, MUSEO DEL PRADO

Este cuadro hace pareja con otro de Felipe IV en la misma actitud. Algunos críticos han dudado de que fueran pintados por Velázquez, aunque parece clara la factura del pintor en los trajes y cortinajes, de efecto sorprendente. También el colorido y la agilidad y soltura de las pinceladas son fácilmente reconocibles. Doña

Mariana de Austria, hija del emperador Fernando III, se casó en 1649 con el rey de España, y a la muerte de éste quedó como regente, hasta la mayoría de edad de su hijo Carlos II. Pero el hijo natural de Felipe IV, don Juan José de Austria se hizo con las riendas del poder, y la reina no volvió a ejercer su influencia hasta la muerte de aquél. En El Escorial existen dos copias de este retrato, que actualmente se exhibe en el Prado.

52 LA INFANTA MARGARITA DE AUSTRIA (1660?)
OLEO SOBRE LIENZO
(212 × 147 cm.)
MADRID, MUSEO DEL PRADO

Aunque este cuadro se tuvo durante varios años por retrato de la infanta María Teresa, se trata en realidad del de la infanta Margarita de Austria, hija mayor del segundo matrimonio del rey Felipe IV. La infanta nació poco después del regreso del pintor de su segundo viaje a Italia, se casó a los quince años, en 1666, con el emperador Leopoldo I de Alemania, que era su tío y su primo; tuvo seis hijos y falleció a los veintidós años.
Velázquez murió cuando ella contaba nueve y se cree que

este retrato fue el último cuadro que pintó y que por quedar inacabado fue concluido por su yerno Mazo. Como en las obras de este último momento artístico, las pinceladas son sueltas y escasas, pero componiendo al contemplarlo un total aspecto de realidad. El traje es una bella muestra de color. Velázquez nos la retrató, como siempre, con su menuda figura de pelo rubio, ojos vivos y el rostro pálido y alargado de la familia. Salvado el retrato del incendio del viejo Alcázar, pasó de allí al Palacio Nuevo y luego al Museo del Prado.

53 CRISTO CRUCIFICADO (1632)
OLEO SOBRE LIENZO
(248 × 169 cm.)
MADRID, MUSEO DEL PRADO

Este Cristo que Velázquez pintó para el convento de San Plácido llama la atención del espectador por su serena gravedad, totalmente alejada de cualquier exhibición de color o de misticismo. Tiene la majestad que Velázquez conquistó en Italia tras su primer viaje y un modelado también algo italianizante. Aún le queda algo del claroscuro de los tenebristas, pese a que se debió de pintar hacia 1635. No hay magulladuras, desgarros, manchas sangrientas, sino un cuerpo limpio y armonioso, de elegante compostura, que sugiere más amor que pánico. Permaneció en dicho convento durante dos siglos y más tarde pasó a manos de Godoy. Su esposa lo sacó a la venta en París, y tras muchas vicisitudes lo heredó el Duque de San Fernando de Quiroga, que lo cedió a Fernando VII. Este lo emplazó en el Prado.

Bibliografía

F. PACHECO, Arte de la pintura, Sevilla, 1649.

A. PALOMINO, El Parnaso español pintoresco laureado, tomo III del Museo Pictórico y Escala Optica, Madrid, 1724.

DAVILLIER (Barón Ch.), Memoire de Velázquez, París, 1874.

Ch. B. CURTIS, Velázquez and Murillo, Londres, N. York, 1883.

C. CRUZADA VILLAAMIL, Anales de la vida y de las obras de Diego de Silva y Velázquez, 1885.

STIRLING, Velázquez and his works, Londres, 1885.

C. JUSTI, Diego Velázquez und sein Jahrhundert, Bonn, 1888, 1903, 1921, 1933 (Ed. italiana, Florencia, 1958).

P. LEFORT, Velázquez, París, 1888.

P. LEPRIEUR, Velázquez, París, 1888.

C. JUSTI, Velázquez and his times, Londres, 1889.

R. STEVENSON, Velázquez, Londres, 1895.

W. ARMSTRONG, The art of Velázquez, Londres, 1896.

W. ARMSTRONG, A study of his life and art, Londres, 1897.

H. KNACKFUSS, Velázquez, Leipzig, 1898.

I. O. PICON, Vida y obras de D. Diego Velázquez, Madrid, 1898.

M. MESONERO ROMANOS, Velázquez fuera del Museo del Prado, Madrid, 1899.

E. SERRANO FATIGATI, Bibliografía de Velázquez, Rev. de Archivos, Madrid, 1899.

K. VALL, Velázquez, Munich, 1899.

E. FAURE, Velázquez, París, 1903.

A. BREAL, Velázquez, Londres, 1904.

A. BREAL, Velázquez, Londres, 1905.

J. R. MELIDA, Los Velázquez de la casa Villahermosa, Madrid, 1905.

W. GENSEL, Velázquez, Stuttgart, Leipzig, 1905.

P. LAFOND, Velázquez, París, 1906.

A. L. MAYER, Kleine Velázquez-Studien, Munich, 1913.

AMAN JEAN, Velázquez, París, 1913.

A. DE BERUETE (hijo), Velázquez en el Museo del Prado, Barcelona, 1914.

E. TORMO, Velázquez, L'oeuvre du maitre, París, 1914.

H. KEHRER, Velázquez, Leipzig, 1919.

J. MORENO VILLA, Velázquez, Madrid, 1920.

A. L. MAYER, Diego Velázquez, Berlín 1924 (otras ediciones, N. York, 1940, París, 1941).

J. ALLENDE SALAZAR, Velázquez, Madrid, 1925.

E. RODRIGUEZ SADIA, Velázquez, Madrid, 1925.

F. J. SANCHEZ CANTON, La librería de Velázquez, en homenaje a R. Menéndez Pidal, vol. III, 1925.

A. L. MAYER, Velázquez, A Catalogue raisonné of the Pictures and Drawings, Londres, 1936.

A. MUÑOZ, Velázquez, Roma, 1941.

F. J. SANCHEZ CANTON, Cómo vivía Velázquez, Arch. Esp. de Arte, 1942.

E. LAFUENTE FERRARI, Velázquez, Introduction, Catalogue , Londres/N. York, 1943.

F. J. SANCHEZ CANTON, Las Meninas y sus personajes, Barcelona, 1943.

E. LAFUENTE FERRARI, Velázquez, Bibl. de Arte Hispánico, Barcelona, 1944.

L. P. FARGUE, Velázquez, París, 1946, col. Les Demi-Dieux.

R. BENET, Velázquez, col. Iberia, Barcelona, 1946.

D. ANGULO IÑIGUEZ, Velázquez. Cómo Velázquez compuso sus cuadros, Laboratorio de Arte de la Universidad, Sevilla, 1947.

E. DU GUE TRAPIER, Velázquez. The Hispanic Society of America, N. York, 1948.

E. DU GUE TRAPIER, Velázquez, N. York, 1948.

J. ORTEGA Y GASSET, Papeles sobre Velázquez y Goya, Madrid, 1950.

A. BORELIUS, Velázquez, Estocolmo, 1951.

G. GALASSI, Velázquez, Wiesbaden, 1952.

J. JUSTI, Velázquez y su siglo, Madrid, 1953.

M. SALINGER, Velázquez, Nueva York, 1954.

B. PANTORBA, La vida y la obra de Velázquez, Madrid, 1955.

LOUIS HAUTECOEUR, Diego Velázquez, Barcelona, 1959.

J. ORTEGA Y GASSET, Velázquez, Madrid, 1959.

G. JEDLICKA, Velázquez, Berna, 1959.

E. LAFUENTE FERRARI, Velázquez, Ginebra, 1960.

VARIOS, Varia velazqueña, Madrid, 1960.

X. DE SALAS, Velázquez, Londres, 1962.

J. A. GAYA, Bibliografía crítica y antológica de Velázquez, Madrid, 1963.

J. LOPEZ REY, Velázquez, Londres, 1963.

J. CAMON AZNAR, Velázquez, Madrid, 1964.

J. J. MARTIN GONZALEZ, Velázquez, Bilbao, 1968.

M. A. ASTURIAS y P. M. BARDI, Velázquez, Milán, 1969.

J. GUDIOL, Velázquez, Barcelona, 1973.

P. M. BARDI, L'opera completa di Velázquez, Milán, 1969.

J. M. PITA ANDRADE, Velázquez; pintor esencial, Sílex, 1976.

X. DE SALAS, Rubens y Velázquez, Madrid, 1977.

A. DEL CAMPO, La magia de las Meninas, Madrid, 1978.

DALE BROWNI, Velázquez y su tiempo, Time-Life International, 1978.

Indice